تطوير معايير التمييز في
التعليم الجامعي العالي
-الأردن نموذجا-

تطوير معايير التمييز في
التعليم الجامعي العالي

-الأردن نموذجا-

تأليف

د. أمل فتحي عقل

دار الخليج
ناشرون وموزعون

بسم الله الرحمن الرحيم

الطبعة الأولى

١٤٣٠هـ - ٢٠٠٩م

المملكة الأردنية الهاشمية

رقم الإيداع لدى دائرة المكتبة الوطنية

(2008 / 12 / 4220)

- يتحمل المؤلف كامل المسؤولية القانونية عن محتوى مصنفه ولا يعبر هذا المصنف عن رأي دائرة المكتبة الوطنية أو أي جهة حكومية أخرى.

دار الخليج ناشرون وموزعون

هاتف: ٤٦٤٦٥٥٥ ٦ ٠٠٩٦٢

تلفاكس: ٤٦٤٧٥٥٩ ٦ ٠٠٩٦٢

ص.ب: ١٨٤٠٣٤ عمان ١١١١٨ الأردن

e-mail: daralkhalij@hotmail.com

الإهداء

إلى والدي الأعزاء ,,,

حبا ووفاء وعرفانا بالجميل إليهما "

خفظا لجناح الذل من الرحمة"

إلى إخوتي وأخواتي ,,,

أحمد ووليد العماد والسند في المسيرة كلها كل خطوة أخطوها

نحو النجاح

إلى كل الباحثين وطلبة العلم أهدي هذا العمل

المحتويات

المقدمة

تؤدي التربية والتعليم بصفة عامة والتعليم العالي بصفة خاصة في أي مجتمع دورا هاما في المحافظة على المجتمع واستمراريته من خلال إعداد القوى العاملة التي يضطلع بمسؤوليتها في إرساء قواعد البيئة الاجتماعية التي تسهم في تقدم المجتمع ويشهد التاريخ قديمه وحديثه على محوريه التربية في صنع الإنسان وبناء المجتمعات فإن قيمة الإنسان تتمثل في حصاد معارفه وإن حضارة المجتمع ما هي إلا المحصلة الجامعة لمعارف أبنائه التي وهبتهم إياها التربية ولعل الاهتمام بالتعليم العالي لم يأت من فراغ وذلك لأن نتاجه هو نتاج اجتماعي ومردوده لا يقتصر على مرحلة عمرية بعينها وإنما يمتد مع حياة الإنسان وتعمل مؤسسات التعليم العالي على تحقيق ذلك من خلال البرامج الأكاديمية التي تقدمها في مختلف التخصصات وفي نفس الوقت تقوم بتعديل وتطوير البرامج باستمرار ووفق التطور الدائم الذي يشهده العالم وبحسب التغيرات والتحولات التي تحدث في احتياجات المجتمعات ورغم تلك الجهود والمحاولات التي تقوم بها مؤسسات التعليم العالي نلاحظ تدهور في جودة الخدمات التعليمية التي تقدمها الجامعات واتساع الفجوة بين متطلبات سوق العمل وقدرات الخريجين وهذا الأمر يستدعي إعادة النظر بسياسات التعليم العالي ليصبح قادرا على مواجهة تحديات عصر العولمة والمنافسة والنوعية المتميزة في ظل التطورات المتسارعة محليا وإقليميا ودوليا ومن خلال إيجاد آلية لضبط نوعية التعليم العالي وتجويد مخرجاته للوصول لنوعية متميزة من حيث

مـدخلاتها وعملياتهـا ومخرجاتهـا وذلـك مـن خـلال تطـوير معـايير تسـاعد مؤسسـات التعليم العالي في تحسين نشاطاتها والقوة الدافعة لها باتجاه التميز في ظل غياب معايير للتميـز في الجامعات والتي يمكن الاستناد إليها للوصول إلى تعليم عال ذو جودة ونوعية متميزة.

وتبرز أهمية هذا الكتاب باعتباره دراسـة نظريـة تطويريـة هـدفت إلى البحـث عـن أبـرز نماذج التميز العالمية ومعاييرها وبخاصة التي تمتاز بالصفة التكاملية وأحداث التطوير المؤسسي- في كل من أمريكيا وبريطانيا وأيضا معايير الاعتماد العالمية التي تركز جميعها على ذات الأسس.

لقد توصلت المؤلفة في ضوء إطلاعها على الأفكار والتجارب في الدول التي أحـدثت نقلـة نوعية متميزة في مؤسسات التعليم العالي فيها وتطويرها معايير تميز تقوم على مجالات رئيسـية القيادة - التخطيط الإستراتيجي - التركيز الخارجي - المعلومات وتحليلهـا - هيئـة التـدريس - فعالية العمليات - النتائج والإنجازات - المؤشرات.

ويؤمـل أن يكـون هـذا الكتـاب منطلقالمبـادرات تطـوير معـايير الاعـتماد والتميـز في مؤسسات التعليم العالي تتميز بنوعية وجودة عالية.

المؤلفة

الفصل الأول

الإطار العام للدراسة

الفصل الأول
الإطار العام للدراسة

مقدمـة

شهد العالم في الآونة الأخيرة ثورة تكنولوجية كبيرة تمثلت في التحولات والتطورات الكمية والنوعية الواسعة والسريعة في مجال الاتصالات والخدمات الإلكترونية المختلفة، ونتيجة لذلك أخذ إقبال المؤسسات الإنتاجية والخدمية على الاستثمار الإلكتروني بالتزايد يوما بعد يوم، مما ساعد هذه المؤسسات على تقديم سيل من السلع والخدمات المتطورة بكلفة أقل وسرعة وكفاءة، وبالتالي توسيع قاعدة عملاء وزبائن هذه المؤسسات. كل هذه التطورات التي أوجدتها تكنولوجيا الاتصالات الإلكترونية ساعدت في تسهيل انسياب حركة التجارة ونقل المعلومات من جهة، والتركيز على التفكير باستحداث وسائل إنتاجية وخدماتية متطورة من جهة أخرى. كما وساهمت هذه التطورات والتحولات في تعميق سلسلة المفاهيم والمتغيرات التي أفرزتها اتجاهات العولمة الاقتصادية والاجتماعية والثقافية والسياسية كالانفتاح (Openness) والتحرر (Liberalization) وحركة رؤوس الأموال (Capital Flow) الأمر الذي يتطلب أن يكون نظام التعليم العالي قادرا على المنافسة.

والتعليم العالي الذي يعتبر أحد العناصر الثقافية الهامة في المجتمع، لا يمكن أن يكون بمعزل عن هذه التغيرات والتحولات السريعة المتلاحقة، فخرج من عزلته المحلية إلى الانفتاح على دول وشعوب العالم، مع توسع نطاق التعاون

الدولي في مجال التعليم عموما، والتعليم العالي خصوصا (بوقحوص، ٢٠٠٣، ٣٤). إذ يشهد حاليا إقبالا لم يسبق له مثيل وتنوعا كبيرا في مجالاته، فضلا عن تزايد الوعي بأهميته الحيوية بالنسبة للتنمية الاجتماعية والثقافية والاقتصادية على حد سواء، ولبناء المستقبل الذي يشهد العديد من التحديات التي تتركز في كيفية مواكبة التطورات والتغيرات المتسارعة محليا وإقليميا ودوليا، ولعل من أهم هذه التغيرات ما حدث على المستوى العالمي من تنام لدور المعرفة باعتبارها مصدر القوة الحقيقية للدول.

وقد أدى هذا الانفتاح والتدامج العالمي في مجال التعليم، إلى بروز العديد من الاتجاهات والتوجهات المستقبلية في مجال التعليم العالي، لعل أهمها: الاتجاه نحو ضمان النوعية بالتعليم العالي ، فشهد النصف الثاني من القرن العشرين ازديادا وتوسعا ملحوظا في التعليم العالي، سواء أكان من حيث أعداد الطلبة الملتحقين أم أعداد مؤسسات التعليم العالي نفسها. إضافة إلى تنوع البرامج والتخصصات التي تقدمها هذه المؤسسات، ويعزى ذلك لسببين رئيسيين: أولهما النمو السكاني الكبير، وثانيهما شعور الحكومات بأنه لا يمكن أن يحدث نمو اقتصادي وتطور في إطار التنمية البشرية المستدامة من دون برامج تدريبية وتعليمية وبحثية متميزة ومتنوعة (سلامة والنهار، ١٩٩٧، ١). وكذلك الاتجاه نحو التعليم عن بعد (التعليم المفتوح أو التعليم بلا حدود)، الذي ظهر خلال النصف الثاني من القرن الماضي وزاد الاهتمام والإقبال عليه في نهايات القرن العشرين (الجملان، ١٩٩٨، ٦٩)، وفي ظل العولمة والانفتاح فإن الحاجة للتعلم

عن بعد ستزداد بسبب الاتساع الكمي في أعداد الملتحقين بالتعليم العالي من جهة، وعدم التوازن الجغرافي لمؤسسات التعليم العالي في العالم من جهة أخرى.

وإزاء التغيرات العميقة والمتسارعة التي لحقت بالنظام الدولي والإقليمي في شتى مجالات الحياة، ولضخامة التحديات التي تواجهها مؤسسات التعليم العالي في الوطن العربي عموما والأردن خصوصا، فإنه لم يعد من الممكن مواجهة تلك التحديات بالطرق التقليدية التي كانت سائدة لفترة طويلة من الزمن؛ لأن التعليم بصفة عامة والتعليم العالي بصفة خاصة لم يستجيبا لهذه التغييرات بالدرجة التي تتواكب مع سرعة التقنيات والاتصالات الحديثة في العالم (المنيع، ٢٠٠٢، ٢). لذلك كله تبرز الحاجة للبحث عن وسائل جديدة ومتطورة للارتقاء بمؤسسات التعليم العالي والتي من أهمها: الاهتمام بجودة التعليم العالي والتأكيد على النوعية من خلال اعتماد معايير عالمية للتميز (Excellence Standards) وذلك كجزء أساسي لضمان نوعية التعليم العالي من جهة والاعتراف به من جهة أخرى.

ولأهمية وجود معايير اعتماد في مؤسسات التعليم العالي، فقد ارتأت الكثير من الدول الغربية، وعلى رأسها الولايات المتحدة الأمريكية وغيرها من الدول الأوروبية، الاعتماد على آليات للحفاظ على نوعية التعليم العالي. ومن أجل ذلك أنشئت هيئات سميت هيئات الاعتماد (Accreditation). والمقصود بالاعتماد الجامعي: شهادة تمنح لمؤسسة تعليم عال تؤمن معايير محددة لجودة التعليم، وقد تختلف معايير الاعتماد هذه من بلد إلى آخر، أو من مؤسسة لمؤسسة لكن جميعها متفق على أهمية وأهداف الاعتماد المتمثلة في:

١. المساهمة في تعزيز نوعية التعليم العالي.

٢. التأكد من أن الطلاب وأرباب العمل والأهل لديهم معلومات تبين كيفية حصول التلامذة على شهاداتهم بموجب معايير أكاديمية نوعية.

٣. إيجاد معايير للتقييم الداخلي في المؤسسات.

٤. التأكد من أنه لدى وجود أي نقص في الالتزام بمعايير الجودة تتخذ إجراءات لتحسين الوضع.

٥. التأكد (في حالة الجامعات الحكومية) من أن الأموال العامة تذهب للأهداف الموضوعة من أجلها، وأن هناك إمكانية محاسبة المؤسسات. (سركيس، ٢٠٠٤، ٢).

إن عملية التقييم والاعتماد هي الجزء المكمل الذي يتوج تطوير أنظمة جودة التعليم في مؤسسات التعليم العالي، باعترافه بأنها تم تطويرها عمليا طبقا للمعايير المرجعية المتفق عليها، أي أن إنشاء مجلس للاعتماد هو الجزء التكميلي لإنشاء أنظمة تعليم عالي وتطبيقها طبقا لمعايير الجودة وليس بديلا عنها (وزارة التعليم العالي في مصر، ٢٠٠٤، ٨).

وفيما يلي أنظمة الاعتماد في بعض الدول الغربية (بريطانيا، وأمريكيا، وفرنسا) التي تعتبر من الدول ذات السبق في وضع معايير الاعتماد وكنماذج عن العالم المتقدم:

أولا:- النظام البريطاني للاعتماد: فالبرغم من أن الجامعات في بريطانيا مستقلة غير أن معظمها يعتمد على تمويل من الحكومة. وهنالك وكالة ضمان الجودة للتعليم العالي (Quality Assurance Agency QAA) وهي وكالة مستقلة مهمتها وضع معايير تضمن الجودة في التعليم العالي,

ودورها يتمثل في مراقبة استمرار ضمان تطبيق هذه المعايير وتطويرها. وإلى جانب هذه الوكالة هناك مؤسسات عديدة تمنح الاعتماد. ومن معايير الاعتماد في النظام البريطاني: تأمين بيئة تعليمية مناسبة, واستقلالية الجامعة عن الجهة الماكة, وضمان السيولة المالية, وتأمين هيكل تنظيمي مترابط, ووجود نظام لضمان الجودة, وتأمين تطوير المناهج التعليمية, وابتداء من العام ٢٠٠٤ فإن جميع مؤسسات التعليم العالي في بريطانيا ملزمة بإعطاء معلومات عن أنظمة الجامعة, وقبول الطلاب واستمرارهم وتخرجهم, وأنظمة ضمان الجودة في المؤسسة.

ثانيا:- نظام الاعتماد في الولايات المتحدة الأمريكية: فالبرغم من وجود (٦٥٠٠) مؤسسة تعليم عال فليس في الولايات المتحدة وزارة فدرالية للتربية أو أية سلطة مركزية تمارس صلاحيات على قطاع التعليم العالي, وبشكل عام فإن التعليم العالي في مختلف الولايات لديه استقلالية. لذلك هناك اختلاف كبير بين مختلف الجامعات من حيث التنظيم ونوعية البرامج. ومن أجل ضمان حد من معايير الجودة الأساسية, فإن ممارسة الاعتماد وسيلة غير حكومية لتقيم الأداء الجامعي. وهناك ست مؤسسات يعتمدها محلس اعتماد التعليم العالي (Council for Higher Education Assteditation, CHEA). وهو مجلس خاص على مستوى جميع الولايات ولكنه ليس حكوميا, ومن مؤسسات الاعتماد: (Middle States Association and Schools), ومن أهداف اعتماد التعليم العالي في الولايات المتحدة: ضمان نوعية الجودة للتعليم العالي, وتسهيل

الانتقال من مؤسسة تعليم عال إلى مؤسسة أخرى, والحصول على تمويل حكومي, كما أن الاعتماد مهم لأرباب العمل الذين يودون دعم عمالهم لإكمال دراستهم.

ثالثا:- نظام التقييم في فرنسا: أنشئت لجنة التقييم (,Comite Nationalw D`evaluation CNE) في فرنسا بموجب قانون التعليم العالي الذي صدر في العام ١٩٨٤ والذي أعطى الجامعات استقلالية أكثر على الصعيد الأكاديمي والمالي. ثم أتبع قانون صدر في سنة ١٩٨٩ والذي أعطى (CNE) استقلالية إدارية فأصبحت مرتبطة مباشرة برئاسة الجمهورية., ولذا فهي ليست تابعة لوزارة التعليم العالي. وإجراءات التقييم شبيهة إلى حد ما بما يجري في مؤسسات الاعتماد الأخرى, أي أن هناك نوعين من التقييم, التقييم الداخلي وهو إلزامي لمؤسسة قبل البدء بإجراء التقييم الخارجي. (سركيس, ٢٠٠٤,٣)

أما على صعيد الاعتماد في مؤسسات التعليم العالي في الأردن, فقد حددت مواد قانون الجامعات الأهلية المؤقت وتعليماته, الصادرة في العام ١٩٨٩ الغاية من معايير الاعتماد على أنها وسيلة للمجلس (مجلس التعليم العالي) للتأكد من تحقيق الجامعة الأهلية لأهدافها, وقد عرفت المادة الثانية من تعليمات الاعتماد لعام ١٩٨٩ الاعتماد العام بأنه " اعتبار الجامعة الأهلية مؤهلة للتدريب تأهيلا عاما بعد تحقيقها للمعايير التي توضع لهذا الغرض".

كما وحددت المادة السادسة من قانون التعليم العالي (قانون رقم ٦ لعام ١٩٩٨) الهدف من معايير الاعتماد, إذ نصت هذه المادة في فقرتها (أ) على ما

يلي " ينشأ في المملكة مجلس اعتماد يسمى (مجلس اعتماد مؤسسات التعليم العالي) يهدف إلى رفع مستوى وكفاءة التعليم العالي في الأردن ".

وبالرغم من تلك التعليمات يلاحظ أن هناك خللا واضحا في عدم تطبيق هذه المعايير على الجامعات الرسمية والأهلية على حد سواء، الأمر الذي يستدعي وجود مجموعة من الأنظمة والإجراءات لاعتماد مؤسسات التعليم العالي لضمان حد مقبول من النوعية، عن طريق التزام هذه المؤسسات بالمعايير والمتطلبات المادية والفنية والبشرية، وذلك للنهوض بمستوى التعليم الجامعي، والمساعدة في تنويع حقول التخصص في الجامعات بما يتناسب وحاجات المجتمع وسوق العمل، وتمكين الجامعات من الارتقاء بقدرتها على التقويم والتطوير الذاتيين؛ لتحسين مستوى برامجها الدراسية والعمل على تطويرها،لذلك فإن مجلس اعتماد مؤسسات التعليم العالي مدعو إلى تطوير أسس ومعايير الاعتماد وتحديثها وتعميق مفهومها (العنبوسي، ١٩٩٩).

إن عملية الاعتماد هي جزء لا يتجزأ من سعي مؤسسة التعليم العالي نحو تحقيق التميز والقدرة على الاستمرار في عالم أصبحت سماته الأساسية التنافسية والتقدم التكنولوجي السريع، وهذا ما يؤكد على ضرورة تحديد المعايير التي تسمح بالحكم على الجودة والتميز في المؤسسة بحيث تكون هذه المعايير واضحة تقبلها المؤسسة، ومنسجمة مع المعايير العالمية. وتشمل المعايير ما يلي:

١. الجانب البشري.
٢. الجانب اللوجستي.
٣. الجانب المعرفي.
٤. الجانب التنظيمي.
٥. الجانب الإداري.

ونظرا لتزايد الاهتمام العالمي بالجودة والتميز، فقد قامت بعض المؤسسات والجمعيات والمنظمات العالمية في بعض الدول الغربية بوضع معايير تضمن تعليم عال ذي نوعية وتميز، منها: معايير الاعتماد، ومعايير الآيزو، ومعايير تميز وتصنيف الجامعات.

إن مؤسسات التعليم العالي المتميزة، هي المؤسسات التي تكافح من اجل إرضاء جميع المستفيدين منها بما تحققه وتنجزه من نتائج، وبما تتصف به من شفافية في عملياتها وإجراءاتها، فتطبيق معايير التميز في المؤسسة يعني:

١. تحقيق نتائج تسر كل المستفيدين والمساهمين، من خلال توقع حاجاتهم الحالية والمستقبلية بجمع المعلومات عن ذلك واستخدام تلك المعلومات في ترتيب ومراجعة سياساتها بما ينسجم مع الاستراتيجية والخطط والأهداف والمعايير بما يساعد على تطوير وتحقيق نتائج متوازنة.

٢. ايجاد قيمة مستدامة للمستفيد (طالب، ولي أمر، صاحب العمل-الشركات الموظفة للخريجين، المساهم، المجتمع).

٣. ايجاد قيادة ذات رؤية تنسجم مع ثبات الهدف.

٤. إدارة المؤسسة من خلال مجموعة أنظمة مترابطة ومعتمدة على بعضها البعض، من العمليات والحقائق.

٥. رفع سوية العاملين من خلال تمكينهم وتطويرهم وإشراكهم في وضع الخطط.

٦. تطوير وتأكيد شراكات القيمة المضافة.

٧. تحدي الوضع الراهن، وتفعيل التغير باستغلال التعليم لايجاد الإبداع والتحسين.

٨. تساعد على تجاوز الحد الأدنى لإطار العمل الذي تعمل به المؤسسة وتكافح من اجل الفهم والاستجابة لتوقعات المستفيدين منها في المجتمع.

مشكلة الدراسة:

إن المتتبع لمسيرة التعليم العالي في العالم العربي عموما والأردن خصوصا، يجزم بأن هناك محاولات جادة وجهودا كبيرة قد بذلت لتطويره. ورغم تلك المحاولات والجهود، إلا أن التعليم الجامعي في العالم العربي بشكل عام، والأردن بشكل خاص، مهدد بالخطر نتيجة العولمة. فهنالك إدراك جيد لتأثير العولمة في التعليم الجامعي. فالعولمة تعني بالنسبة للتعليم الجامعي مستقبل التعليم الجامعي الذي قد يأتي من خارج حدود الدولة، أو من دول العالم المتقدمة خصوصا.

والمتتبع لأداء مؤسسات التعليم العالي في الأونة الأخيرة لا بد وأن يلحظ ذلك التدهور في جودة الخدمات التعليمية التي تقدمها الجامعات ولعل ما يؤكد ذلك التدني في درجات الاختبار والقصور في المهارات الأساسية للخريجين وتزايد معدلات التسرب وطول فترة المكوث واستاع الفجوة بين متطلبات سوق العمل وقدرات الخريجين (النعساني، ٢٠٠٣، ٢١٠).

ومن الدلائل التي تشير إلى خطورة ما يتعرض له قطاع التعليم العالي في المنطقة العربية والأردن، هو ما كشفت عنه دراسة لإحدى الجامعات اليابانية الدولية خلال العام ٢٠٠٤، والتي كشفت عن أسماء ٥٠٠ جامعة هي الأكثر تميزا أكاديميا على مستوى العالم، وغابت أي جامعة عربية عن قائمة الجامعات الأبرز بحثا علميا، وكفاءة تدريسية، ومعايير اعتماد وضبط دولية (السائح، ٢٠٠٤).

كل ذلك يؤكد خطورة الموقف الأكاديمي الجامعي العربي من جهة والخوف على واقع الجامعات العربية ومستقبلها من جهة أخرى، الأمر الذي يستدعي إعادة النظر بسياسات التعليم العالي على المستوى العربي والأردني

لرفع سوية التعليم الجامعي، ليصبح قادرا على مواجهة تحديات عصر العولمة والمنافسة والنوعية المتميزة في ظل التطورات المتسارعة محليا وإقليميا ودوليا. وذلك من خلال إيجاد آلية واضحة لضبط نوعية التعليم العالي وتجويد مخرجاته، وتقويم مسار مؤسساته ومساعدتها على النهوض وتخطي الصعوبات ومعالجة حالة التدهور للوصول للنوعية المتميزة، من حيث مدخلاتها وعملياتها ومخرجاتها. وهذه الآلية تتأتى من خلال تطوير معايير تساعد مؤسسات التعليم العالي في تحسين نشاطاتها، وتكون القوة الدافعة لها لتسير في المستقبل باتجاه التميز والكفاءة العالية والنوعية.

ما تقدم سوغ للباحثة محاولة البحث في هذا الجانب، لأن الجامعات الأردنية كغيرها من مؤسسات التعليم العالي العالمية، تسعى لتطوير أدائها وتحسين نوعية مخرجاتها، وفي ظل غياب معايير للتميز في الجامعات الأردنية الرسمية، والتي يمكن الاستناد عليها في الوصول إلى تعليم عال ذو جودة ونوعية متميزة، فإن مشكلة هذه الدراسة تتحدد في " تطوير معايير تميز للمستوى الجامعي في مؤسسات التعليم العالي في الأردن".

هدف الدراسة وأسئلتها:

هدفت الدراسة بشكل أساسي إلى " تطوير معايير تميز للمستوى الجامعي في مؤسسات التعليم العالي في الأردن ". بناء على الإجابة عن الأسئلة التالية:

١. ما مجالات معايير التميز المقترحة لمؤسسات التعليم العالي العالمية؟

٢. ما درجة تقدير العمداء ورؤساء الأقسام ومدراء الوحدات لمجالات معايير التميز؟

٣. هل توجد فروق ذات دلالة إحصائية في درجات تقدير العمداء ورؤساء الأقسام ومدراء الوحدات لمجالات معايير التميز حسب الجامعة؟

٤. هل توجد فروق ذات دلالة إحصائية في درجات تقدير العمداء ورؤساء الأقسام ومدراء الوحدات لمجالات معايير التميز حسب المسمى الوظيفي ؟

٥. هل توجد فروق ذات دلالة إحصائية في درجات تقدير العمداء ورؤساء الأقسام ومدراء الوحدات لمجالات معايير التميز حسب سنوات الخبرة؟

٦. ما معايير التميز المقترحة للمستوى الجامعي في مؤسسات التعليم العالي في الأردن ؟

أهمية الدراسة:

تنبع أهمية الدراسة من كونها تسعى إلى تطوير معايير تميز للمستوى الجامعي في مؤسسات التعليم العالي في الأردن، بما ينسجم ومعايير التميز المطبقة في بعض الجامعات العالمية، وصولا لمعايير شاملة ومتكاملة للتميز في قطاع التعليم العالي الرسمي في الأردن، ومتوافقة ومتطلبات إدارة وضمان نوعية وجودة الخدمات في الجامعات الرسمية، الأمر الذي يساعد في النهاية على تحسين وتطوير مستوى أداء التعليم العالي، والارتقاء بنوعية خدماته المقدمة للمجتمع المحلي، بما ينسجم مع موضوع رسالته النبيلة، ومن ثم تخريج أفواج بنوعية وجودة رفيعة المستوى.

إذ سيتم إلقاء الضوء على الأساليب والنماذج الحديثة والمتطورة المتاحة مثل نموذج جائزة مالكولم بالدريج الوطنية للتميز، والمعايير الدولية لضبط النوعية والتي تستخدم لأغراض التقييم والاعتماد، وكذلك النموذج الأوروبي للتميز EFQM Excellence Model.

وكذلك دراسة أهمية إدارة النوعية (الجودة) وتحليلها وضبطها في مجال التعليم العالي. وتشمل عملية ضمان النوعية جميع الاتجاهات والأهداف والآليات والإجراءات والأفعال التي من خلال وجودها واستخراجها, بما فيها النشاطات الخاصة, تعمل على الضبط النوعي, وتضمن المواءمة مع المعايير الأكاديمية المناسبة.

وتكمن أهمية الدراسة أيضا في إمكانية استفادة عدة أطراف منها:

١. القائمون على وزارة التعليم العالي والبحث العلمي في اتخاذ القرارت اللازمة للتحسين والتطوير في مجال التعليم العالي.
٢. رؤساء الجامعات لإجراء عمليات التقييم والتطوير الذاتي.
٣. أصحاب سوق العمل والمؤسسات الموظفة في توظيف الخريجين ذوي النوعية الجيدة.
٤. خريجو الثانوية العامة للاختيار السليم والأنسب للجامعات الأكثر تميزا على المستوى الوطني.
٥. الباحثون.

مصطلحات الدراسة

تناولت الدراسة المصطلحات التالية:

-التطوير: هو جهد ونشاط طويل المدى يستهدف تحسين قدرة النظام على حل مشكلاته وتحسين نفسه ذاتيا (مراد, ١٩٩٢,٢٧).

-ويقصد بالتطوير في هذه الدراسة: بناء ووضع معايير للتميز تسهم في تعزيز نوعية التعليم العالي.

-المعايير: عبارة عن مستويات معيارية تستخدم كمقياس للحكم على أهمية أو قيمة جانب ما له علاقة بالموضوع الذي تستخدم فيه تلك المعايير. (الخوالدة, ٣٤,٢٠٠٣).

-المعيار: هو مقياس يستخدم للحكم على الأشياء (٢٥٠, ١٩٥٩, Good).

-ويقصد بالمعيار في هذه الدراسة: مقياس يحدد الصفات والخصائص الواجب توفرها للحكم على الأشياء.

-التعليم الجامعي: هو أي نوع من أنواع التعليم المختلفة الذي يعطى في الجامعات بعد المرحلة الثانوية ويمنح درجة علمية (البكالوريوس) بعد إتمام البرنامج الدراسي في حقل التخصص.

-التميز: هو الجودة في تقديم الخدمات الملطوبه بفعالية والرقى لمستوى توقعات ورغبات المستفيدين وتحقيق رضاهم التام حاضرا ومستقبلا وذلك من خلال التحسين والتطوير المستمر والالتزام بمتطلبات ومعايير الأداء.

حدود الدراسة:

تتحدد نتائج هذه الدراسة وإجراءاتها بما يأتي:

١. اقتصرت هذه الدراسة من حيث جمع المعلومات على الجامعات الأردنية الرسمية الثمانية (الأردنية, اليرموك, مؤتة, العلوم والتكنولوجيا, الهاشمية, آل البيت, البلقاء التطبيقية, الحسين).
٢. اقتصرت على العمداء ورؤساء الأقسام ومدراء الوحدات الإدارية في الجامعات الحكومية.
٣. أجريت الدراسة في فترة زمنية محددة عام ٢٠٠٥.

الفصل الثاني

الأدب النظري والدراسات السابقة

الفصل الثاني
الأدب النظري والدراسات السابقة

في هذا الفصل تم تناول الأساس النظري لمعـايير التميـز وبعـض نماذجـه، كـذلك بعـض الدراسات العربية والأجنبية التي تناولت هذا الموضوع.

أولا: الأدب النظري:

تؤدي التربية والتعليم بصفة عامة، والتعليم العالي بصفة خاصة، في أي مجتمع دورا هاما في المحافظة على المجتمع واستمراريته، من خلال إعداد القوى العاملة التي تضطلع بمسؤولياتها في إرساء قواعد البيئة الاجتماعية التي تسهم في تقدم المجتمع. ويشهد التاريخ قديمه وحديثه على محورية التربية في صنع الإنسان وبناء المجتمعات، فقيمة الإنسان تتمثل في حصاد معارفه، وحضارة المجتمع ما هي إلا المحصلة الجامعة لمعارف أبنائه التي وهبتهم إياها التربية. ولعل الاهتمام بالتعليم العالي لم يأت من فراغ، وذلك لأن نتاجه هو نتاج اجتماعي ومردوده لا يقتصر على مرحلة عمرية بعينها، وإنما يمتد مع حياة الإنسان ويتسم هذا النتاج بالاستمرارية وفي كافة الميادين التي يعتبر الإنسان عنصرا فيها (عباس، ١٩٩٧، ١٤٥).

وتعمل مؤسسات التعليم العالي على تحقيق ذلك من خلال البرامج الأكاديمية التي تقدمها في مختلف التخصصات، وفي الوقت نفسه تقوم بتعديل البرامج وتطويرها باستمرار وفق التطور الدائم الذي تشهده العلوم وبحسب التغير الذي يحدث في احتياجات المجتمعات. (السلطان، ٢٠٠٣، ٣).

وقدم التعليم العالي أشكالا متنوعة لتقدم الإنسانية عبر التاريخ الطويل، تبعا لاختلاف البيئات التي عاشت فيها، إذ قام المصريون القدماء بإنشاء مدارس عليا لتعليم الهندسة والطب والتي كانت نتائجها بناء الأهرامات والمعابد، والمقابر الملكية القائمة في وادي نهر النيل, وكذلك نشأ هذا النوع من التعليم في العراق القديم، وعرف أبناء هذه المناطق مبادئ هندسة الري والزراعة. وقاموا ببناء المدن الكبرى التي بقيت آثارها قائمة إلى اليوم، والتي منها بابل الشهيرة. وقد عرف قدماء اليونان كذلك التعليم العالي, واشتهروا بعلم التاريخ والجغرافية، وتميزوا بالفلسفة. وظهر فيهم علماء وفلاسفة عظام، أمثال هيردوت عالم التاريخ، وفيثاغورس عالم الرياضيات, والفيلسوف أرسطو, والفيلسوف أفلاطون الذي كان يعلم تلاميذه الفلسفة في مكان خاص, يمثل معهدا عاليا للتعليم العالي في العصر الحاضر. وقد اتفق مؤرخو التعليم العالي على أن الحضارات القديمة كالحضارة الهندية والصينية والمصرية واليونانية والإسلامية وغيرها, قد احتضنت مراكز للمعرفة والعلم كانت تقدم علوما على مستوى عال من المعرفة التي يمكن تصنيفها على أنها تقع ضمن مستوى التعليم الجامعي الحالي، الأمر الذي يعني أن تلك المراكز العلمية كان لها دورا أساسيا في نشأة الجامعات الحديثة وتطورها، فالحضارة الهندية عرفت التعليم العالي منذ أربعمائة سنة قبل الميلاد، وكان لها سياسة صارمة في قبول الطلاب. (Goodchild, 1997, 7).

وكان للحضارة العربية الإسلامية كذلك الأمر دورا في التعليم العالي، فقد عرف المسلمون حضارات الأمم القديمة، واطلعوا على ثقافاتهم، بعد توسع

الدولة الإسلامية في أصقاع الأرض إذ استوعبوا معارفهم وعلومهم وتجاربهم في شتى المجالات، وترجموا العديد من كتبهم إلى اللغة العربية، وأضافوا إلى علوم القدماء وأعمالهم وزادوا فيها نتاج فكرهم وما وصلت إليه جهودهم العلمية، التي بلغت مرتبة من الغنى والتقدم والازدهار تضاهي الحضارات الأخرى.

وقدمت هذه الحضارة تعليما عاليا، في الأندلس والعراق والمغرب العربي ومصر وبلاد الشام أدى فيما بعد إلى قيام جامعات مشهورة، مثل جامعة الأزهر في مصر وجامعة الزيتونة في تونس وجامعة القرويين في فاس بالمغرب، والمدرسة العادلية في دمشق في الفترة الممتدة من سنة ٧٠٠ إلأى سنة ١٣٠٠ للميلاد. وكانت تقدم علوما دينية وإنسانية وطبيعية مثل الطب والرياضيات والجبر والصيدلة والفلك والبصريات والهندسة والعمارة والفنون الجميلة. (الثبيتي، ٢٠٠٠، ٢٢٣).

وهذه هي المرحلة الاولى لتطور مؤسسات التعليم العالي والتي يطلق عليها مرحلة النشأة والتأسيس لمؤسسات التعليم العالي.

أما المرحلة الثانية لنشأة مؤسسات التعليم العالي وتطورها في العصور الوسطى، فيطلق عليها مرحلة التطور والعطاء. فقد نشأت مؤسسات التعليم العالي بمفهومها الحديث، والتي تعتبر مؤسسات علمية لها نظمها، في القرن الأول من الألفية الثانية في أوروبا حيث كانت الأساس في نشأة جامعات أخرى ونموها في العالم. فكانت نشأة جامعة بولونيا في إيطاليا سنة ١٠٨٨م, وجامعة باريس في فرنسا سنة ١١٣٠م, وجامعتي أكسفورد سنة ١١٨٠م, وكامبردج سنة ١٢٠٩م, في إنكلترا, وجامعة بادو في إيطاليا سنة ١٢٢٠م, وجامعة أورلينز في فرنسا سنة ١٢٢٩م, وجامع براغ في تشيكوسلوفاكيا سنة ١٣٤٨م, وجامعة فيينا

في النمسا سنة ١٣٦٥م, وجامعة هايدلبرج سنة ١٣٨٦م في ألمانيا, وجامعة بيكس في هنغاريا سنة ١٣٦٧م, وجامعة كولون سنة ١٣٨٨م, في ألمانيا وجامعة بودابست في المجر سنة ١٣٨٩, (الثبيتي، ٢٠٠٠، ٢٣٢).

واستمرت عملية تأسيس الجامعات الأوروبية حتى بلغ عددها في بداية القرن الخامس عشر الميلادي (٧٩) جامعة. وتركزت مهامها في القرون الوسطى على حماية قيم المجتمع الغربي، ونقل المعرفة للأجيال واكتشافها، وفي بداية القرن العشرين أخذت الجامعات تنمو بشكل سريع في الدول الغربية حتى بلغت في بريطانيا, على سبيل المثال, (١٠) جامعات في سنة ١٩٠٠م, ثم ارتفع عددها ليصل سنة ١٩٥٠م إلى (٢١) جامعة, ورافق ذلك تطور نوعي في البرامج الدراسية وفي الدراسات الجامعية العليا. (الثبيتي، ٢٠٠٠، ٢٣٢).

أما التعليم العالي في الولايات المتحدة الأمريكية فبدأ على شكل كليات في عهد الاستعمار الأوروبي, إذ أنشئت كلية هارفارد سنة ١٦٣٦م, وكلية وليام وميري سنة ١٦٩٣م, وكلية ييل سنة ١٧٠١م, وكلية فيلادلفيا سنة ١٧٤٠م, وكلية نيو جيرسي سنة ١٧٤٦م, وكلية كنج سنة ١٧٥٤م, وكلية رود أيلاند سنة ١٧٦٤م, وكلية كوين سنة ١٧٦٦, وكلية دارتماوث سنة ١٧٦٩م, وركزت تلك الكليات على تعليم الدين المسيحي ونشره, ثم أخذت تتناول حاجات المجتمع المحلي في عدد من الأنشطة المتنوعة, تزامن ذلك مع نمو مؤسسي لتلك الكليات من خلال تبلور واجبات أعضاء هيئة التدريس, وتحديد المقررات الدراسية وتحديد مسؤوليات الطلبة. وقد بلغ عدد الكليات سنة ١٨٦١م, (٢٥٠) كلية, وبلغ عدد الطلبة في سنة ١٨٧٠م, (٦٢٠٠٠) طالب وطالبة. ثم

تطورت تلك الكليات إلى جامعات, وتم تأسيس جامعات جديدة للدراسات العليا في النصف الثاني من القرن التاسع عشر كان أولها جامعة (جونس هوبكن) في سنة ١٨٧٦م, وجامعة كلارك ١٨٨٩م, (الثبيتي, ٢٣٥,٢٠٠٠).

وتم خلال الفترات السابقة إنشاء كليات المجتمع حيث بلغ عددها في منتصف القرن العشرين (١٢٠٠) كلية, وخلال الفترة الممتدة من ١٩٥٨ إلى ١٩٦٥ أنشئت عشرات الفصول الدراسية, وتم بناء المكتبات, وإنشاء مجمعات سكن للطلبة, وأنشئت مختبرات البحوث, وفتحت الأبواب للدراسات العليا, وتزامن ذلك مع استحداث قانون حماية حرية أعضاء هيئة التدريس وفي إجراء البحوث, وفي الحصول على الأمن الوظيفي. وبلغ عدد الجامعات في التسعينات من القرن العشرين (٣٦٠٠) جامعة (Goodchild ,١٩٩٧ ,٢٨).

وتميز التعليم العالي الأمريكي بالمرونة والمنافسة, التي تعد عاملا مهما في ضبط نمو التعليم العالي وتطويره, مما أدى إلى تباين واسع في السمعة الأكاديمية, والمكانة العالية للجامعات, كما تميز بانفتاحه على قوى السوق, فهو نظام دائم التطور, إذ أن معدل إنشاء وإغلاق مؤسسات التعليم العالي في الولايات المتحدة مرتفع جدا بفعل قوى العرض والطلب, ففيما بين عامي ١٩٧٤, ١٩٨٦ تأسس نحو (٥٠٠) مؤسسة تعليم عالي جديدة, بينما أقفل ما يزيد على (١٠٠) مؤسسة. (كيفين ١٩٩١, ٥١٠).

أما التعليم العالي في البلاد العربية فقد عمل على مواكبة المستجدات العلمية والفكرية بمفهومها الحديث فكان الجامع الأزهر الذي أسس عام (٩٧٠م) وأصبح جامعة حديثة عام (١٩٦١م)، وكانت المدرسة النظامية في

بغداد التي أسست عام (١٠٦٧م)، وكان معهد الزيتونة الذي أنشئ عام (١٢٨٣م) وأصبح جامعة تونس حاليا، كما أنشئت جامعات حديثة في البلاد العربية حيث أنشئت الجامعة الأهلية في مصر سنة ١٩٠٨م, وتم تحويلها إلى جامعة حكومية سنة ١٩٢٥م, وكانت تعرف بالجامعة المصرية وهي جامعة القاهرة حاليا, وجامعة فاروق الأول التي افتتحت عام ١٩٤٢, وهي جامعة الإسكندرية حاليا, وأفتتحت الجامعة السورية عام ١٩٢٣م, وهي جامعة دمشق حاليا, تلا ذلك افتتاح جامعة الخرطوم في السودان عام ١٩٥٥م, وجامعة بغداد عام ١٩٥٧م, وجامعة الملك سعود بالرياض عام ١٩٥٧م, والجامعة الأردنية في الأردن عام ١٩٦٢. هذا بالإضافة إلى أنه كانت توجد (١٣) كلية ومدرسة عليا في مصر ولبنان والسودان والعراق, وتزايد عدد الجامعات والمعاهد والكليات في البلاد العربية في العصر الحالي بشكل ملموس وكبير.(فرجاني، ١٩٩٨، ١٩)، وذلك بسبب التزايد السكاني السريع الذي أدى الى زيادة الطلب على مؤسسات التعليم العالي.

التعليم العالي في الأردن:

لقد بدأت الخطوة الأولى في إنشاء مؤسسات تعليم عالي في الأردن, في بداية النصف الثاني من القرن العشرين, وعلى وجه الخصوص في العام ١٩٥١, وذلك بافتتاح صف لتأهيل المعلمين في كلية الحسين في عمان. ثم أنشأت عام ١٩٥٤ دار للمعلمين في عمان ودار للمعلمات في مدينة رام الـلـه في الضفة الغربية في العام نفسه, وبلغ عدد معاهد المعلمين والمعلمات التي تم تأسيسها في خمسينات القرن الماضي (١١) معهدا, واقترب عددها في بداية القرن

الحادي والعشرين من (٥٠) معهدا وكلية مجتمع، يعود بعضها للقطاع العام وتتبع جامعة البلقاء التطبيقية، وبعضها يتبع القطاع الخاص، وبعضها يتبع القوات المسلحة الأردنية. وهناك كليتان تتبعان وكالة الغوث الدولية. وفي العام ١٩٦٢ تم إنشاء أول جامعة في الأردن (الجامعة الأردنية) تلاها تأسيس جامعة اليرموك عام ١٩٧٦، ثم تبعها تأسيس جامعة مؤتة عام ١٩٨١، ثم جامعة العلوم والتكنولوجيا الأردنية عام ١٩٨٦، ثم جامعة آل البيت عام ١٩٩٣، ثم الجامعة الهاشمية عام ١٩٩٤، ثم جامعة البلقاء التطبيقية عام ١٩٩٧، وهي التي تولت مسؤولية إعادة تنظيم كليات المجتمع وتفعيل برامجها إضافة إلى كونها جامعة رسمية تمنح درجة الباكالوريوس مثل غيرها من الجامعات الرسمية. ثم جامعة الحسين بن طلال سنة ١٩٩٩ في مدينة معان، إضافة إلى ذلك فقد تم تأسيس كليات جامعية ذات الأربع سنوات (كلية عمان للهندسة التكنولوجية ١٩٨٩، كلية الدعوة وأصول الدين ١٩٩٠).

هذا فيما يتعلق بالجهود الرسمية، أما فيما يتعلق بالقطاع الخاص، فقد سمحت القوانين والأنظمة الأردنية بتأسيس كليات مجتمع أهلية تملكها وتديرها شركات خاصة وتهدف إلى تحقيق الربح إذ تأسست أول كلية مجتمع خاصة عام ١٩٦٧، وتوالت بعد ذلك وتيرة إنشاء الكليات الخاصة لتبلغ (٢٢) كلية عام ١٩٩٠ وهو العام الذي تم فيه أول إنشاء لجامعة أهلية (جامعة عمان الأهلية) التي باشرت عملها في العام الجامعي ١٩٩١/١٩٩٠، وتوالى بعد ذلك تأسيس الجامعات الأهلية ليصل عددها (١٤) جامعة. حيث تأسست جامعة العلوم التطبيقية وجامعة فيلادلفيا وجامعة الإسراء الأهلية، تلاها جامعة الزيتونة

الأردنية وجامعة البتراء في العام ١٩٩٠ وجامعة جرش وجامعة الزرقاء الأهلية وجامعة اربد الأهلية في العام ١٩٩١، والأكاديمية العربية للعلوم المالية والمصرفية وجامعة عمان العربية للدراسات العليا وجامعة عمان المفتوحة.

بدأ الاهتمام بالتعليم العالي تنظيميا في الربع الأخير من القرن العشرين، إذ صدر قانون التعليم العالي عام (١٩٨٠) وأنشئ بعد ذلك مجلس التعليم العالي عام ١٩٨٢، وفي عام ١٩٨٥ أنشئت وزارة التعليم العالي، وصدر قانون التعليم العالي رقم (٢٨) لسنة ١٩٨٥ الذي حدد أهداف التعليم العالي كما حدد صلاحيات ومسؤوليات مجلس التعليم العالي ووزارة التعليم العالي، وعلاقاتها بمؤسسات التعليم العالي. وبعد مرور (١٣) عاما صدر قانون التعليم العالي رقم (٦) لسنة ١٩٩٨ والذي تم بموجبه إلغاء وزارة التعليم العالي واستبدالها بمجلس التعليم العالي، وتم إلحاق كليات المجتمع بجامعة البلقاء التطبيقية. وتم في العام (٢٠٠٠) إعادة إنشاء وزارة التعليم العالي والبحث العلمي، لتتولى الإشراف والمراقبة على مؤسسات التعليم العالي الرسمية والخاصة ولا زالت قائمة حتى الآن. (www.mohe.gov.jo) .

التعليم العالي والجودة:

إن تعبير الجودة ليس تعبيرا جديدا وخير دليل على ذلك الآيات القرآنية التالية:

قال تعالى: (صنع الله الذي أتقن كل شيء) (النمل: ٨٨)، قال تعالى : (الذي خلق الموت والحياة ليبلوكم أيكم أحسن عملا) (الملك: ٢)، وقول الرسول صلى الله عليه وسلم "إن الله يحب إذا عمل أحدكم عملا أن يتقنه" (رواه مسلم).

ومن هنا فإن الجودة هي الاتقان والعمل الحسن, وهي كذلك عملية بنائية تهدف إلى تحسين المنتج النهائي, وذلك من خلال تحسين ظروف العمل لكل العاملين في المؤسسة (أحمد, ١٥,٢٠٠٢).

ولقد تحدثت الأدبيات السابقة عن الجودة وتعريفاتها والمعايير التي تحكم ذلك ومن تلك التعريفات تعريف اوستن للجودة، إذ قام بوضع معيارين لتعريف الجودة في التعليم العالي: المعيار الأول: يرى أن مفهوم الجودة في التعليم العالي يجب أن يركز على سمعة المؤسسة وشهرتها أو مصادرها. فالمؤسسة التي لديها تسهيلات أفضل غالبا ما تكون جيدة. المعيار الثاني: إن تعريف الجودة في التربية يجب أن يعزز ويقوى عن طريق تطبيق فلسفة تحسين الجودة. (زيدان، ١٩٩٨، ٣٥)

وقد ارتبط المفهوم التقليدي لجودة التعليم الجامعي بعمليات الفحص والتركيز على الاختبارات النهائية دون مراجعة القدرات والمهارات الإدراكية والحركية والمنطقية والسلوكية. لذلك تحول هذا المفهوم إلى مفهوم توكيد جودة التعليم العالي الذي يعتمد على ضرورة اختيار معدلات نمطية للأداء وبناء منظومات لإدارة الجودة للتعليم العالي (النجار،٧٣،٢٠٠٠). وتتوقف جودة التعليم العالي على عدد من الأمور من بينها:

١. جودة مستوى البنى الأساسية والبيئة الداخلية والخارجية مع توظيف وسائل التكنولوجيا الحديثة في ذلك واستخدامها الاستخدام الأمثل.

٢. جودة مستوى إدارة المؤسسة من حيث تفاعلها مع البيئة وانفتاحها على الآخرين وتعتمد على إشاعة ثقافة التقويم والتصحيح داخل المؤسسة بأسرها. (البابطين، ١٩٩٨، ١١).

لذلك فقد أصبح الاهتمام بجودة التعليم ونوعيته من الاهتمامات العالمية التي تسعى معظم دول العالم والمنظمات الدولية إلى تحقيقها في عصر العولمة. وازداد الاهتمام العالمي بقضايا التعليم العالي خلال السنوات الأخيرة نتيجة تزايد دور الجامعات والمعاهد والكليات العليا في رفد المجتمعات بالكفاءات من مختلف التخصصات ليساهموا في جهود التنمية بمختلف أبعادها في بلدانهم، ونتيجة لهذا الدور الكبير الذي يلعبه التعليم العالي عقد مؤتمر عالمي بعنوان "التعليم العالي في القرن الحادي والعشرين – الرؤية والعمل"، تحت إشراف اليونسكو عام (١٩٩٨)، وقد ناقش هذا المؤتمر العديد من الموضوعات ذات العلاقة بالتعليم العالي وتطور المجتمعات، كان من أبرزها أوضاع البلدان الراهنة، والسياق الوطني والإقليمي والدولي مثل العولمة والديمقراطية، وتقدم العلوم والتكنولوجيا، والبيئة، والاستبعاد الاجتماعي، وهجرة الكفاءات، والنزاعات المسلحة. هذا إضافة إلى التحديات التي يواجهها التعليم العالي في الوقت الراهن مثل مواءمة التعليم العالي مع حاجات المجتمع التنموية والجودة وتقييمها والإدارة والتمويل. (اليونسكو، ١٩٩٨، ١١-١٦). وتعمق هذا الاهتمام الدولي بإصدار إعلان عالمي بشأن التعليم العالي للقرن الحادي والعشرين تناول مجموعة من الجوانب المتعلقة بمسارات التعليم العالي، كان من بينها تقييم جودة التعليم العالي. إن الجودة في التعليم العالي مفهوم متعدد الأبعاد ينبغي أن يشمل جميع وظائف هذا التعليم وأنشطته مثل البرامج التعليمية والأكاديمية، والبحوث والمنح الدراسية، والمدرسين، والطلاب، والمباني، والمرافق، والمعدات، وتوفير الخدمات للمجتمع المحلي، والبيئة الأكاديمية. الأمر الذي يتطلب إنشاء هيئات وطنية مستقلة

وتحديد معايير مقارنة للجودة معترف بها دوليا. وكذلك ينبغي إيلاء العناية الواجبة لخصوصية الأوضاع المؤسسية والوطنية والإقليمية بهدف مراعاة التنوع وتفادي الأنماط الموحدة من التخصصات وينبغي كذلك أن يشترك كل أصحاب الشأن كأطراف مشاركين في عملية تقييم المؤسسات. (اليونسكو، ١٩٩٨، ٢٦).

ونظرا لأهمية الدور الذي يضطلع به التعليم العالي في المجتمعات الحديثة وتنميتها، أشار إعلان بيروت عن التعليم العالي في الدول العربية، الذي عقد في بيروت بداية العام (١٩٩٨) أنه ينبغي على كل دولة عربية أن تضع آلية لتقويم نوعية التعليم العالي بمجمل مقوماته، كالأنظمة، والمؤسسات، والبرامج، والهيئة التعليمية، والمخرجات. وقد تشتمل طرائق ضمان الجودة على وضع آليات لاعتماد البرامج الأكاديمية، والتقويم المؤسسي أو القطاعي لميادين معرفية ومهنية معينة، أو التمويل المعتمد على الأداء، ومقاربات للتعليم المهني والتدريب على الكفايات التي يكتسبها الخريجون. ومطلوب كذلك إعطاء أولوية خاصة لتجديد المناهج الدراسية، والتقويم المستمر لطرائق التعليم والتعلم، واعتماد طرائق متجددة، بالإضافة إلى التركيز على تعدد وتنوع التخصصات. وأشار البيان كذلك إلى أن تستخدم الوسائط التعليمية المتعددة الركائز وشبكة الانترنت، مع الأخذ بعين الاعتبار ضرورة تعزيز التفاعل بين الطلبة وأعضاء هيئة التدريس والإدارة. (اليونسكو، ١٩٩٨، ٥١).

ونظرا للتزايد الهائل على التعليم الجامعي الذي شهده العالم في العقود الأخيرة، وما رافقه من زيادة في عدد المؤسسات التعليمية التي تقدم البرامج التعليمية، وفي أعداد هذه البرامج وأنواعها المختلفة، فقد استدعت هذه

التطورات تقييم البرامج التعليمية التي تقدمها مؤسسات التعليم العالي من اجل التحقق من جودة نوعية التعليم المقدم، وضمان تطور هذه البرامج وكذلك المؤسسات التعليمية ضمن عملية الاعتماد. فقد تطور أسلوب الاعتماد ليصبح نظاما قائما على التنظيم الذاتي ويركز على التقييم والتطوير المستمر للجودة النوعية لمؤسسات وبرامج التعليم العالي، من خلال عمليتي التقييم الذاتي والتقييم الخارجي للمؤسسة وبرامجها التعليمية بالاعتماد على معايير عالمية للتميز كجزء أساسي لضمان نوعية التعليم العالي من جهة والاعتراف به من جهة أخرى.

معايير الاعتماد:

نظرا لأهمية وجود معايير لضبط أداء مؤسسات التعليم العالي فقد ارتأت الكثير من الدول الاعتماد على آليات للحفاظ على نوعية التعليم العالي. ومن أجل ذلك أنشئت هيئات سميت هيئات الاعتماد (Accreditation): ويقصد بالاعتماد الجامعي هو مكانة أكاديمية أو وضع أكاديمي علمي يمنح للمؤسسة التعليمية، أو البرنامج الأكاديمي مقابل استيفاء المؤسسة لمعايير جودة نوعية التعليم المقدم وفق ما يتفق عليه مع مؤسسة أو مؤسسات التقييم (الاعتماد) التربوية (البسيوني، ٢٠٠٣، ص ١٦) والاعتماد في التعليم يعني:

-حافزا على الارتقاء بالعملية التعليمية ككل، ومبعثا على اطمئنان المجتمع لخريجي هذه المؤسسة وليس تهديدا لها.

-الاعتماد لا يهدف إلى تصنيف أو ترتيب المؤسسات التعليمية.

-الاعتماد ليس حجرا على الحرية الأكاديمية أو تعرضا لقيمها.

-الاعتماد هو تأكيد المؤسسة التعليمية وتشجيعها على اكتساب شخصية وهوية مميزة بناء على منظومة معايير أساسية تضمن قدرا متفقا عليه من الجودة.

-الاعتماد لا يهتم فقط بالمنتج النهائي للعملية التعليمية ولكن يهتم بنفس القدر بكل جوانب ومقومات المؤسسة التعليمية. (وزارة التعليم العالي مصر، ٢٠٠٤، ٩)

وقد تختلف معايير الاعتماد هذه من بلد إلى آخر، أو من مؤسسة إلى أخرى، لكن جميعها متفق على أهمية الاعتماد وأهدافه المتمثلة في: (سركيس، ٢٠٠٤، ٢)

١. المساهمة في تعزيز نوعية التعليم العالي.
٢. التأكد من أن الطلاب وأرباب العمل والأهل لديهم معلومات تبين كيفية حصول التلامذة على شهاداتهم بموجب معايير أكاديمية نوعية.
٣. ايجاد معايير للتقييم الداخلي في المؤسسات.
٤. التأكد من أنه لدى وجود أي نقص في الالتزام بمعايير الجودة تتخذ إجراءات لتحسين الوضع.
٥. التأكد (في حالة الجامعات الحكومية) من أن الأموال العامة تذهب للأهداف الموضوعة من أجلها وأن هناك إمكانية محاسبة المؤسسات.

أما معايير الاعتماد المستخدمة من قبل هيئات الاعتماد في الولايات المتحدة وعدد من الدول الأوروبية فهي:

١. رسالة الجامعة وأهدافها:

تكون للمؤسسة رسالة وأهداف تتفق والتعليم العالي والترخيص الممنوح لها مع الإقرار بأن الرسالة والأهداف ممكن أن تختلف من مؤسسة لأخرى، وموافق عليها من مجلس الأمناء وبحيث أن تكون هذه الأهداف واضحة وحقيقية، وتحدد ضمن إمكانيات المؤسسة، وأيضا أن تكون مفهومة ومتفق عليها من قبل المشرفين على المؤسسة والعاملين فيها، وأن تعمل المؤسسة على تقييم الرسالة والأهداف بشكل دوري، واستخدام النتائج في التخطيط.

٢. التخطيط والتقويم:

قيام المؤسسة بالتخطيط والتقويم المناسب وبشكل مستمر لتحقيق أهدافها، للتأكد من درجة تحقيق الأهداف الموضوعة والتأكيد على تطوير المؤسسة.

٣. التنظيم والإشراف على المؤسسة:

يجب أن تكون المسؤوليات والصلاحيات والعلاقات مابين مجلس الأمناء للمؤسسة وإدارتها واضحة ضمن قوانين وأنظمة وتعليمات مطبقة، بحيث يسهل عمل المؤسسة وتنفيذ خططها التعليمية والتطويرية، وتحقيق النزاهة والنوعية في التعليم في المؤسسة.

٤. البرامج والتدريس:

تكون برامج المؤسسة منسجمة مع أهدافها ورسالتها، من خلال تركيبها ومحتواها وسياسية القبول فيها، وتعمل المؤسسة على توفير المصادر اللازمة للمحافظة على تحسين هذه البرامج، وعملية تدريسها وتحسين أساليب التدريس وتقييمه بشكل دوري.

٥. أعضاء هيئة التدريس:

يجب أن تكون أعداد أعضاء هيئة التدريس ومؤهلاتهم كافية لتحقيق رسالة المؤسسة وأهدافها، ويتم تعيينهم وفق أسس أكاديمية لتخدم أهداف المؤسسة، وضرورة توافر لوائح توضح مسؤولية وواجبات أعضاء هيئة التدريس والعمل على دعم الحريات الأكاديمية.

٦. الخدمات الطلابية:

ضرورة معرفة المؤسسة لاحتياجات الطلبة وخصائصهم ومشاكلهم من أجل تقديم الخدمات الممكنة لهم لتساعدهم في حياتهم الأكاديمية وتقلل من مشاكلهم، فتعمل على توفير الأبنية اللازمة لممارسة الأنشطة المختلفة.

٧. المكتبة ومصادر المعلومات:

تعمل المؤسسة على توفير مكتبة ومصادر معلومات ومصادر تعلم متنوعة تعنى برسالة المؤسسة وأهدافها وتفي بحاجات الطلاب الدارسين والبرامج المقدمة وأن تعمل على تقديم الدعم المالي لتطوير هذه المصادر.

٨. المصادر المادية والمبنى الأساسي:

تعمل المؤسسة على توفير المصادر المادية والمبنى الأساسي لتحقيق أهدافها مثل الأبنية والمشاغل والمختبرات.

٩. المصادر المالية:

مصادر المؤسسة المالية كافية لتحقيق أهدافها، وأن تعمل المؤسسة على إعداد الميزانية بالتشاور مع الدوائر والأقسام، والمحافظة على نزاهة أمورها المالية.

١٠. الانفتاح على الجمهور:

تقدم المؤسسة المعلومات الكاملة والواضحة للجمهور عن الجامعة والطلبة عن طريق إصدار المنشورات والمطبوعات المختلفة والتي توضح ذلك.

١١. النزاهة:

أن تمثل المؤسسة نموذجا أخلاقيا في تعاملها مع الطلبة والمؤسسات الخارجية.

(Commission on Institutions of Higher Education, 1996)

وهكذا فإن عمليات مراقبة النوعية وتقييمها إنما تتناول إجراءات كثيرة تتعلق بمكونات نظام التعليم العالي، وبالتالي فإنها تحدد إلى درجة كبيرة الكيفية التي تعمل بها مؤسسات التعليم العالي والمكانة التي تتبوأها لدى المجتمع الأكاديمي والمجتمع الموسع.

معايير الجودة والتميز:

من أجل تقييم جودة مؤسسات التعليم العالي وقياس درجة تميزها، فإن هناك مجموعة من المعايير التي تستخدمها تلك المؤسسات لتحقيق ذلك، وتتفاوت المعايير هذه من مؤسسة إلى أخرى. ومن جهة معتمدة للتصنيف أو الاعتماد من ناحية أخرى، وعلى الرغم من هذا التفاوت، فإن المبادئ الأساسية للجودة والتميز والتصنيف تقوم على ذات الأسس وهي:

١. التركيز على النتائج ويتم ذلك من خلال تحقيق الأهداف التي يرغبها المؤسسون.

٢. التركيز على العميل (الزبون) ويتم ذلك من خلال ايجاد قيمة دائمة للعميل (الزبون).

٣. قيادة وثبات في الأهداف ويتم ذلك من خلال وجود قيادة تمتلك رؤية واضحة تنسجم مع الأهداف.

٤. إدارة تعتمد العمليات والحقائق، ويتحقق ذلك من خلال إدارة المؤسسة (الجامعة، الكلية) باستخدام مجموعة من النظم المعتمدة على بعضها البعض والمتداخلة والعمليات والحقائق.

٥. تطوير العاملين وإشراكهم، ويتم ذلك من خلال تعظيم مساهمة العاملين عبر تطويرهم وإشراكهم.

٦. الاستمرارية والابتكار والتحسين، ويتم ذلك من خلال مواجهة الواقع القائم باستخدام التعليم الهادف إلى الإبداع والابتكار وفرص التحسين.

٧. تطوير الشراكات، ويتم ذلك من خلال تطوير وايجاد قيمة للشركاء والمحافظة عليها.

٨. المسؤولية الاجتماعية للمؤسسة، ويتم ذلك من خلال الفهم والاستيعاب والاستجابة لمتطلبات القوانين والأنظمة وحاجات المجتمع. (EFQM. 2003, 5-7).

وقد أصبحت الجودة ميزة تنافسية الأمر الذي جعلها هدفا استراتيجيا يحتل قدرا عاليا من الاهتمام في مختلف المؤسسات التي تجد في المنافسة طريقها للنمو والاستمرار والتطور والتميز.

أساليب التميز التربوي:

هنالك مجموعة من أساليب التميز التربوي التي تنطبق على التعليم العام والتعليم العالي ومن هذه الأساليب:

١. أسلوب الاقتصاد السياسي: يعتمد هذا الأسلوب في قياس التميز على درجة أداء المؤسسة التعليمية، ويركز على العلاقة بين مؤسسات التعليم من جهة، وبيئاتها السياسية والاقتصادية من جهة أخرى.

٢. أسلوب الإنتاجية: يعتمد هذا الأسلوب على فعالية المؤسسة التعليمية على تحويل المدخلات إلى مخرجات بالكمية والنوعية المطلوبة، بتكلفة تأخذ بعين الاعتبار القدرات المتوفرة.

٣. أسلوب القيمة المضافة: يعتمد هذا الأسلوب على قدرة المؤسسات التعليمية على تقديم أداء جديد يعزز تطور الأفراد ونموهم، ويعترف هذا الأسلوب بالتنوع في نظام التعليم، ويعتبر العامل الرئيسي في السعي لتحقيق التميز.

٤. أسلوب نوعية المنتج – المستهلك: يعتمد هذا الأسلوب على نوعية المنتجين (المدرسين) المستهلكين (الطلبة)، من حيث القدرات والدوافع ونوعية المصادر التعليمية المتوفرة.

٥. أسلوب المحتوى: يعتمد هذا الأسلوب على نوعية المنهاج ومجاله.

٦. الأسلوب الانتقائي: يعتمد هذا الأسلوب على تقييم التميز التربوي باستخدام أبعاد متنوعة، تشمل مستوى الفرد (مدرس، طالب)، والمدرسة أو الكلية أو الجامعة، وغيرها من العوامل ذات العلاقة بالعملية التربوية، والتي تم التعرض لها في الأساليب الخمسة السابقة الذكر. (التل، ١٩٩٦، ١٣). وهذه الاساليب تتداخل مع بعضها البعض في العديد من الجوانب.

المبادئ الأساسية لوضع معايير تميز للتعليم:

هنالك عدد من المبادئ الأساسية التي يجب أخذها بعين الاعتبار عند وضع معايير تميز للتعليم:

1. معايير تركز على عملية تقييم تعلم الطالب وكذلك تقييم المؤسسة التعليمية نفسها.
2. معايير تركز على درجة تنوع النظام التعليمي والتي تدفع المؤسسة نحو التميز والانفراد.
3. معايير ذات خصوصية عالية يتم تحديدها وتعريفها بدقة بحيث تساعد أي مؤسسة في الاتجاه نحو تحقيقها.

وتنقسم هذه المعايير إلى:

١. معايير المحتوى المؤسسي وتشتمل على ما يلي:

أ-معيار الأهداف والمهمات والأغراض:

وهنا يتم تحديد أهداف المؤسسة ضمن محتوى التعليم العالي، وتقوم بتغيير أهدافها وما الذي تنويه من أجل تحقيق هذه الأهداف، وعادة يتم تطوير أهداف المؤسسة وتعريفها من قبل مجلس المؤسسة الذين يقومون بصياغة برامج المؤسسة، وإجراءاتها، ومن ثم تقييم فعاليتها.

ب-التخطيط وتكامل المصادر والتطوير المؤسسي:

تقوم المؤسسة بإعداد التخطيط بناء على الأهداف والمهام المعدة، وتستخدم نتائج تقييمها من أجل تطوير المؤسسة، وعندما يتم إتباع الخطط الاستراتيجية الناجحة فإن ذلك يدعم التطور والتغيير اللازم لتحسين نوعية المؤسسة.

ج-القيادة:

تقوم المؤسسة بتعريف أدوار عناصرها الأساسية، وتوزيع الأفراد المسئولين عن اتخاذ القرارات، حيث يتم تحديد نوع من الاستقلال لضمان وحدة المؤسسة وتطوير المصادر، لتتواكب هذه الاستقلالية مع مهمة المؤسسة.

د-الإدارة:

تسهل الإدارة المؤسسية عملية التعلم والبحوث وتعزز نوعية المؤسسة.

هـ-النزاهة:

يتم وضع معايير أخلاقية عند إعداد البرامج والنشاطات بما يتماشى مع الأهداف والسياسات المعلنة، وذلك من أجل دعم الحرية الأكاديمية للمؤسسة.

و-التقييم المؤسسي:

تعمل المؤسسة على تطوير خطة تقييمية تقوم بتقييم الفعالية الإجمالية للمؤسسة، محققة بذلك أهدافها وأغراضها وتطبيق التخطيط وتكامل المصادر من خلال استخدام مصادر المؤسسة بفعالية.

٢. معايير الفعالية التعليمية وتشتمل على:

أ-قبولات الطلاب:

تسعى المؤسسة لقبول الطلاب الذين تكون أهدافهم وقدراتهم متماشية مع أهداف المؤسسة.

ب-خدمات دعم الطلاب:

تقوم المؤسسة بتقديم خدمات دعم الطلاب اللازمة لتمكين كل طالب من تحقيق أهداف المؤسسة.

ج-أعضاء هيئة التدريس:

هنا يتم وضع برامج المؤسسة والبحوث وتطويرها وتوجيهها ودعمها من قبل أعضاء هيئة تدريس مؤهلين.

د-التعليم العام:

ويتم إعداد منهاج للمؤسسة لكي يتمكن الطلاب من اكتساب المهارة التي تناسب درجتهم العلمية في التعليم العام. والمهارات تشمل: مهارات التواصل مع الآخرين، والتحليل النوعي والعلمي المنطقي والكفاءة التكنولوجية والتثقيف المعلوماتي (الحاسوبي).

هـ-نشاطات مرتبطة بالتعليم:

يتم وضع البرامج والنشاطات المؤسسية حسب محتوى محدد وطريقة تنفيذ محددة، من أجل مواكبة المعايير المناسبة.

و-تقييم تعلم الطلاب:

عندما يتم تقييم تعلم الطلاب يتم التعرف على أن الطلاب قد حصلوا على مهارات ومعارف وكفاءات ملائمة مع أهداف المؤسسة، وأن الطلاب الذين تخرجوا قد حققوا أهداف التعليم العالي. (Middle States Commission on Higher Education, 2002)

٤٨

وهذا كله يؤكد حاجة المؤسسات المتميزة إلى نظام إدارة فعال في تطبيق السياسات والاستراتيجيات والأهداف وخطط المؤسسة من خلال مجموعة متكاملة وواضحة من معايير العمليات، وكذلك تقديم وتلبية حاجات وتوقعات كل المستفيدين من المؤسسة، بما يحقق نجاح مستدام للمؤسسة.

النماذج الدولية المستخدمة في منح جوائز تميز لمؤسسات التعليم العالي:

هنالك العديد من النماذج الدولية التي تمنح جوائز تميز لمؤسسات التعليم العالي، من اشهرها:

١. برنامج جائزة مالكولم بالدريج الوطنية للجودة:

(The Malcolm Baldrige National Quality Award program)

اقترنت هذه الجائزة باسم مالكولم بالدريج وهو صناعي ومؤسس سكرتارية التجارة الأمريكية، ويتولى إجراءات منحها المعهد الوطني للمواصفات والتكنولوجيا الأمريكي، وفق قواعد معينة وفي ثلاثة مجالات هي: الصناعات الكبيرة، والمؤسسات الخدمية الكبيرة، ومؤسسات الأعمال الصغيرة. إذ قامت وزارة التجارة الأمريكية في العام (١٩٨٧) بإنشاء هذا البرنامج (الجائزة)، بهدف تحفيز المؤسسات الأمريكية على تحسين أدائها وتطويره وزيادة تنافسيتها، ومن أجل تحسين الجودة ورضا متلقي خدماتها.

وتتلخص إجراءات منح الجائزة بقيام المؤسسات المتنافسة باستيفاء استمارات استقصاء تتضمن ٧٥ صفحة توثق فيها جهودها وأساليب إدارتها وأنظمة الجودة فيها، إذ يتولى فريق من الخبراء المحكمين من ميدان العمل

والحكومة إجراء التقييمات معتمدين تحليل البيانات المستمدة من الاستقصاء، بالإضافة إلى الزيارات الموقعية، حيث يركزون في مهمة التقييم على محاور الجائزة السبعة.

واستندت هذه الجائزة في تطوير معاييرها إلى مجموعة من المفاهيم والقيم المتداخلة والخاصة بالتعليم تمثلت في: (Baldrige, 2004, 1)

- قيادة ذات رؤية.

- تعليم يركز على التعلم.

- تعليم فردي وتنظيمي.

- إعطاء قيمة للمؤسسة والعاملين والشركاء.

- الذكاء.

- التركيز على المستقبل.

- إدارة الإبداع.

- إدارة قائمة على الحقائق.

- المسؤولية الاجتماعية.

- التركيز على النتائج وخلق الحقائق.

- رؤية نظمية.

وتتضمن الجائزة نموذجا يتكون من المعايير الرئيسية التالية مع توضيح لنظام درجات (نقاط) التقييم والمفاضلة لكل معيار، علما بأن المجموع الكلي للدرجات(للنقاط) هو ١٠٠٠نقطة: (,Baldrige (2004, 1

١. القيادة: وتشمل المعايير الفرعية التالية: ١٢٠/١٠٠٠

i. الإدارة التنظيمية. ٧٠نقطة

ii. المسؤولية العامة والواجبات. ٥٠ نقطة

٢. التخطيط الاستراتيجي: ويشمل المعايير الفرعية التالية: ٨٥/١٠٠٠

i. تطوير الاستراتيجية. ٤٠ نقطة

ii. انتشار الاستراتيجية. ٤٥ نقطة

٣. التركيز على متلقي الخدمة: ويشمل المعايير الفرعية التالية: ٨٥/١٠٠٠

i. معرفة متلقي الخدمة. ٤٠ نقطة

ii. رضا متلقي الخدمة. ٤٥نقطة

٤. القياس والتحليل وإدارة المعرفةويشمل المعايير الفرعية التالية:٩٠/١٠٠٠

i. قياس وتحليل الأداء المؤسسي. ٤٥نقطة

ii. إدارة المعرفة والمعلومات. ٤٥نقطة

٥. التركيز على الموارد البشرية: ويشمل المعايير الفرعية التالية: ٨٥/١٠٠٠

i. أنظمة العمل. ٣٥نقطة

ii. تطوير وتعليم وتدريب الموظفين. ٢٥نقطة

iii. رضا الموظفين. ٢٥نقطة

٦. إدارة العمليات: وتشمل المعايير الفرعية التالية: ٨٥/١٠٠٠

i. عملية الخدمة والإنتاج. ٥٠نقطة

ii. عمليات التزويد. ٣٥نقطة

٧. نتائج الأداء المؤسسي: وتشمل المعايير الفرعية التالية: ١٠٠٠/٤٥٠

i. نتائج تعلم الطلاب. ١٥٠ نقطة

ii. نتائج التركيز على متلقي الخدمة. ٦٠نقطة

iii. نتائج الظروف المالية (الميزانية والتمويل والتسويق). ٦٠نقطة

iv. نتائج الموارد البشرية. ٦٠نقطة

v. نتائج الفعالية التنظيمية. ٦٠نقطة

vi. نتائج المسؤولية الاجتماعية والحكومية. ٦٠نقطة

* وقد استخدمت الجائزة نظام العلامات بالاعتماد على بعدين للتقييم:

١. بعد النتائج: وهو البعد الذي يركز على نتائج الأداء المؤسسي من المخرجات والموظفات وتمثل العنصر السابع.

٢. بعد العمليات: وهي الطرق التي تستخدمها المؤسسة لتحسين إدارة العمليات وتمثل العناصر من ١ - ٦ وتقاس من خلال العوامل التالية:

أ- الطرق المستخدمة لإنجاز العمليات

ب- نشر وتنفيذ هذه الطرق.

ج- التدريس .

د- التكامل ما بين الخطط والعمليات والنتائج لتحقيق أهداف المؤسسة.

وتستخدم هذه الجائزة العديد من الأطر الخاصة بكل نوع من الصناعة والخدمات، وفيما يلي شكلا توضيحيا للنموذج الخاص بالتميز في التعليم:

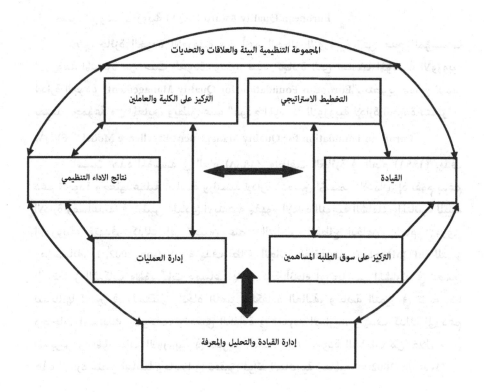

نموذج رقم (١): نموذج جائزة مالكولم بالدريج الوطنية للجودة

المصدر: (BNQP, 2004, 5)

٢. جائزة الجودة الأوروبية European Quality Award (EQA)

تعتبر جائزة الجودة الأوروبية من أهم الجوائز الأوروبية التي تمنح للمؤسسات الأوروبية المتميزة من حيث الجودة. وتقوم هذه الجائزة التي أسستها المؤسسة الأوروبية لإدارة الجودة "European Foundation for Quality Management". بتطوير نموذج للتميز يعتمد مجموعة من المعايير، ويطلق عليه "نموذج المؤسسة الأوروبية لإدارة الجودة للتميز

"European Foundation for Quality Management Excellence Model " EFQM

تأسست هذه المؤسسة في العام (١٩٨٨)، وأطلقت الجائزة في العام (١٩٩١) بهدف دعم الجودة وجعلها عملية أساسية ورئيسية لإدارة التحسين المستمر للأعمال، إذ تقوم بدعم الإدارة ومساعدتها في تطبيق المبادئ الإبداعية لمفهوم الإدارة النوعية الشاملة والمناسبة للبيئة الأوروبية، وتهدف كذلك إلى تحسين عنصر التنافس للقطاع الخاص والعام الأوروبي ومؤسساته. (Watson, 2002, 1) ويهدف إطلاق الجائزة القائمة على نموذج (EFQM) للتميز إلى تحفيز الشركات والمؤسسات ومساعدتها في كافة أنحاء أوروبا على المشاركة في تحسين نشاطاتها لتسير في المستقبل باتجاه التميز والكفاءة العالية، وخاصة التميز في تلبية رضا وحاجات المستهلك والموظف، وتحقيق الكفاءة في المعرفة الإدارية. وتهدف كذلك إلى دعم المديرين في المؤسسات الأوروبية في تسريع عملية إدارة الجودة الشاملة، من خلال جعل هذه الإدارة عنصرا أساسيا وحاسما في تحقيق فوائد التنافسية العالمية. (Watson, 2002,4).

وتتمثل مهمة نموذج (EFQM) في أن يكون القوة الدافعة للتفوق والامتياز الذي يمكن دعمه في أوروبا لرفع مستوى الإدارة العام للمؤسسات في أوروبا من خلال التحديد النظامي وتشجيع أفضل الممارسات في قطاع الأعمال والمنظمات. ويتيح هذا النموذج للمؤسسات في أوروبا متابعة وتحقيق تحسينات هامة في أدائها باستخدام منهج يرتبط بشكل كبير بالسياق الأوروبي، ويتم تعديله وتطويره وفق احتياجاتها الخاصة.(Pupius and Brusoni, 2002, 7)

يقوم نموذج (EFQM)على ثمانية مبادئ أساسية تتمثل فيما يلي: (TQM collage, 2003, 9)

- التوجه نحو النتائج.
- التركيز على الزبائن.
- القيادة وتمسك الأهداف.
- الإدارة بالعمليات والحقائق.
- تطوير وإشراك الأشخاص.
- التعليم والإبداع المستمرين والتحسين.
- تطوير الشراكات.
- المسؤولية العامة.

الإطار العام للنموذج:

تم تطوير إطار مرجعي للجائزة قائم على نموذج يعتمد على مجموعة من المعايير، يمكن تطبيقه على أية مؤسسة بغض النظر عن حجمها، أو القطاع الذي تعمل فيه أو هيكلها، ويقوم المبدأ الأساسي لهذا النموذج على رضا الزبائن والعاملين والاندماج في المجتمع، وهذا يتحقق من خلال دور القيادة

التنظيمية في تحديد السياسة والاستراتيجية وإدارة العاملين والموارد والعمليات الذي يؤدي إلى التفوق والتميز في نتائج الأداء. (Pupius & Brusoni, 2002,8) .

ويتكون النموذج من تسعة معايير تنقسم إلى مجموعتين:

أولا:- مجموعة الأساليب:والتي تمثل الأساليب التي تتبعها المؤسسة للوصول إلى الجودة وعددها خمسة معايير رئيسية.

ثانيا:- مجموعة النتائج: التي تمثل نتائج ما حققته المؤسسة بفضل تطبيق الأساليب السابقة وعدد هذه المعايير أربعة معايير رئيسية.

وينقسم كل معيار فرعي رئيسي إلى مجموعة من المعايير الفرعية إذ يصل إجمالي المعايير الفرعية إلى ٢٩ معيارا.

- مجموعة الأساليب

وتتكون هذه المجموعة من:

١. القيادة:- يقوم القادة بوضع وتطوير الأهداف والرسالة والرؤية والقيم، إضافة إلى دور نموذج ثقافة التميز.

٢. العاملين:- حيث يتم ربط سياسات العاملين وتعديلها لتتماشى مع السياسات والاستراتيجيات والهيكل التنظيمي وإطار العمليات الأساسية، وكذلك مشاركة العاملين في تطوير السياسات والاستراتيجيات والخطط.

٣. السياسة والاستراتيجية: تعتمد على احتياجات الحاضر والمستقبل وتوقعات المساهمين والمعلومات والأداء وطرق القياس والأبحاث والأنشطة التعليمية والإبداعية ذات الصلة، إضافة لتطوير ومراجعة السياسات والاستراتيجيات وتعديلها.

٤. الشركاء والموارد:- إن إدارة الشركاء الخارجيين يتطلب تحديد الشركاء الأساسيين وتحديد فرص الشراكة الاستراتيجية، والتي تتماشى مع السياسات والاستراتيجيات والأهداف الموضوعة من المؤسسة التعليمية.

٥. العمليات:- بحيث يتم تصميم العمليات وإدارتها بشكل مستمر من خلال التركيز على عمليات التعليم والتدريس والتعلم والأنشطة الرئيسية لتحقيق السياسات والاستراتيجيات، وتصميم عمليات للأنشطة الرئيسية لنجاح المؤسسة التعليمية وتطبيق مقاييس الأداء ووضع معايير للأداء.

● مجموعة النتائج:

وتتكون هذه المجموعة من:

١. نتائج العاملين:- يضم قياس الملاحظات وتوقعات العاملين من خلال التشجيع والمستقبل الوظيفي والاتصالات والفرص المتساوية، والمشاركة، والقيادة، والاعتراف، والأهداف، والتدريس والتطوير والارتياح الوظيفي.

٢. نتائج الزبون:- ويتضمن هذا المحور فرعين، الأول: قياس الملاحظات من خلال الصورة العامة للمؤسسة التعليمية وطرق التدريس والتعليم ورأي المدرسين ودعم المؤسسة التعليمية، والثاني: مؤشرات الأداء التي تشمل الصورة العامة، والتعليم والتجهيزات الأخرى

٣. نتائج المجتمع:- ويضم قياس الملاحظات من خلال الأداء كمواطن مسئول، وعدم إفشاء المعلومات الخاصة بالمجتمع والأخلاقيات، ومشاركة المجتمع والأنشطة التي تقلل من الضرر، والتقارير عن الأنشطة الخاصة بحماية المصادر القومية.

٤. نتائج الأداء الكلي:- ويمكن استخدام المقاييس التالية لمعرفة ماذا حققت المؤسسة، مخرجات الأداء الرئيسية وهي تقيس النتائج الرئيسية التي خططت لها المؤسسة التعليمية ويمكن أن تشمل العائد المادي والعائد غير المادي، وجودة التعليم والتعلم.

والنموذج التالي يوضح ترابط هذه العناصر مع بعضها:

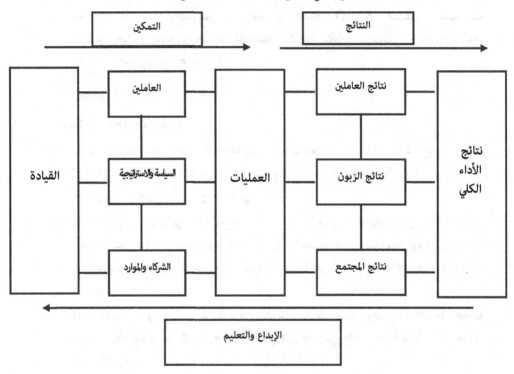

(Consortium for Excellence, 2003, 4)

نموذج رقم(٢): نموذج مؤسسة الجودة الأوروبية للتميز

ويلاحظ على النموذج أن هنالك ارتباطا قويا بين المعايير بعضها البعض من جهة، وبينها وبين سياسة واستراتيجية المؤسسة من جهة أخرى. ويمكن تلخيص فلسفة النموذج، بان النتائج الممتازة المتعلقة بالأداء والزبائن والعاملين والمجتمع، يتم تحقيقها من خلال قيادة واعية تقود سياسة واستراتيجية المؤسسة المعنية والعاملين، وكذلك علاقات الشراكة والموارد الداخلية والعمليات ويستخدم هذا النموذج مفهوم يدعى (RADAR)، وهو اختصار للمفاهيم التالية:

R: (نتائج) Results
A: (مدخل/ منهج) Approach
D: (تطبيق/ توظيف) Deployment
A: (تقييم) Assessment
R: (المراجعة) Review

يقوم هذا المفهوم على تحديد النتائج (الأهداف) التي تنوي المؤسسة تحقيقها منذ البداية كجزء من سياستها واستراتيجيتها، ثم تخطيط وتطوير مجموعة كاملة من المناهج والأساليب لتحقيق الأهداف، ومن ثم توظيف هذه المناهج والأساليب بطريقة منتظمة، ثم يتم العمل على تقييم تلك المناهج والأساليب ومراجعتها ويتبعها تحليل النتائج التي تم تحقيقها من خلال النشاطات والعمليات. (Pupius J& Brusoni, 2000, 9).

تصنيف مؤسسات التعليم العالي:

درجت في الربع الأخير من القرن العشرين بعض المؤسسات الرسمية وغير الرسمية على تصنيف مؤسسات التعليم العالي وعلى وجه الخصوص الجامعات، مستندة بذلك إلى مجموعة من المعايير والمؤشرات المشتقة من أنظمة الجودة والنوعية، والتي تمت مواءمتها وطبيعة عمل هذه المؤسسات التعليمية وآليات عملها.

تعريف التصنيف:

ويعرف التصنيف في سياق التعليم الجامعي بأنه طريقة لجمع المعلومات لتقويم الجامعات والبرامج والبحث والنشاطات العلمية لتوفير التوجيه لجماعات مستهدفة محددة، مثل الطلبة الذين أنهوا دراستهم في مرحلة المدرسة، ويرغبون بالالتحاق في الجامعات، أو طلبة يرغبون في تغيير تخصصاتهم أو جامعاتهم، أو أعضاء من طاقم إدارة الجامعة أو القسم الذين يرغبون في معرفة نقاط القوة والضعف في الجامعة أو القسم.

أهداف التصنيف:

تتباين أهداف المؤسسات التي تقوم بعمليات التصنيف، فمنها من يقوم بعملية التصنيف لأغراض ضبط الجودة وضمان استمراريتها، وعادة تهدف المؤسسات الرسمية إلى تحقيق هذه الأغراض، من خلال تطوير أنظمة اعتماد (عام وخاص)، تمنح بموجبها شهادات لمؤسسات التعليم العالي تؤكد فيها التزام هذه المؤسسات بمجموعة من المعايير العامة ذات العلاقة بمؤسسات التعليم العالي بشكل عام، ومعايير خاصة ذات علاقة بعمل كلياتها. ومؤسسات تقوم بعمليات التصنيف لغايات تسويقية ومؤسسات تقوم بعملية التصنيف لغايات منح جوائز تميز. (أبو خلف، ٢٠٠٤، ٣).

أنواع تصنيف الجامعات:

تنقسم عمليات تصنيف الجامعات في ضوء ما هو مطبق عالميا إلى ثلاثة أنواع تتمثل فيما يلي: (أبو خلف، ٢٠٠٤، ٥).

١. التصنيف الشامل: **يقوم هذا التصنيف على إعطاء علامة كلية للمؤسسة، ويشمل هذا التصنيف المؤسسة بمجملها، بحيث يتم تجميع مؤشرات مختلفة وتخضع لعملية حسابية وفق أوزان محددة. ثم تستخرج النتيجة الكلية للمؤسسة المعنية. ويعتبر هذا النوع من التصنيف من أكثر الأنواع شيوعا.**

٢. التصنيف الجزئي: **يقوم هذا التصنيف اعتمادا على الموضوع أو البرنامج الأكاديمي، حيث تصنف المؤسسات وفق البرامج أو الموضوعات المحددة التي تطرحها، ويمكن لهذا النوع من التصنيف أن يغطي مستويات مختلفة للتعليم العالي من الدرجة الجامعية الأولى إلى الدراسات العليا والبرامج المهنية وغيرها.**

٣. التصنيف المنوع: **ويتضمن هذا النوع جميع الأنواع المتبعة للتصنيف التي يوجد اختلافات كبيرة بينها ويصعب تصنيفها على نحو جماعي، حيث تصنف المؤسسات حسب ردودها على استبانة تتكون من عدد من المؤشرات، ويتم ترتيب الجامعات استنادا إلى درجة تحقيق المعيار والمؤشر، وهكذا بالنسبة للمؤشر الثاني..الخ.**

وتتطلب عملية تصنيف الجامعات وجود مقاييس محددة، تتخذ نتائجها هياكل معينة وتتوزع هذه المقاييس على ثلاثة هياكل تتمثل في الهيكلية الترتيبية، إذ تصنف مؤسسات التعليم العالي بشكل ترتيب تسلسلي، بحيث يشار إلى أن الجامعة (س) في المرتبة الأولى، والجامعة (ص) في المرتبة الثانية وهكذا. أما الهيكلية الثانية والتي تسمى الهيكلية العنقودية، بحيث يتم وضع مجموعة من الفئات (A)، (B) و (C)..الخ. ويتم تصنيف الجامعات ضمن هذه الفئات تسلسليا. والهيكلية الثالثة تدعى الهيكلية المهجنة، والتي تعتبر خليطا بين النوعين الأولين، إذ يتم ذكر ترتيب الجامعة في إطار الفئة التي تنتمي إليها. (القاسم، ٢٠٠٠، ٤٩).

وتختلف المعايير والمؤشرات المستخدمة في تصنيف مؤسسات التعليم العالي، وهذا الاختلاف يعود إلى التفاوت في خبرات الدول في مجال التعليم العالي، وتباينها في عدد السكان ونصيب أفرادها من الدخل القومي ومرحلة التطور الاجتماعي والاقتصادي، إضافة إلى تباين القوانين والأنظمة التي تضبط عمل مؤسسات التعليم العالي ذاتها.

وقد اقترح القاسم عددا من المؤشرات لقياس نوعية التعليم العالي، والتي تم اشتقاقها من المعايير العالمية المستخدمة في هذا المجال، وقسمها إلى قسمين، يتضمن القسم الأول المؤشرات التي تقيس نوعية التعليم على مستوى المؤسسة الواحدة. والثاني يتضمن مؤشرات قياس نوعية التعليم العالي على مستوى النظام الذي يشمل جميع المستويات وجميع المؤسسات وجميع الوظائف، وتمثلت هذه المعايير في: (القاسم، ٢٠٠٠، ٤٩)

١. نوعية الطلبة داخل النظام والمؤسسة الواحدة، وتتمثل في نسبة الطلبة المقبولين إلى مجموع المتقدمين، ونسبة الطلبة المقبولين في كل كلية وكل جامعة من مجموع الطلبة الحاصلين على (٩٠%) فما فوق في امتحان الثانوية العامة أو ما يوازيه، ونسبة الطلبة المقبولين في كل كلية أو جامعة من مجموعة الطلبة الحاصلين على (٧٥%) فما فوق في امتحان الثانوية العامة أو ما يوازيه، ونسبة الطلبة المنتقلين من الجامعة إلى الجامعات الأخرى ونسبة الطلبة المنقولين إلى الجامعة من جامعات أخرى.

٢. أعضاء هيئة التدريس وتشمل نسبة أعضاء هيئة التدريس إلى الطلبة، ونسبة حملة الدكتوراه إلى مجموع أعضاء هيئة التدريس غير المتفرغين ومعدل الدخل السنوي لعضو هيئة التدريس.

٣. نصيب الطلبة من نفقات الجامعة السنوية.

٤. عقلانية البرامج الدراسية وحداثتها.

٥. درجة رضا الطلبة من الجامعة.

٦. درجة رضا أعضاء هيئة التدريس في الجامعة.

٧. درجة تنافسية الخريج في سوق العمل.

وقد استعرض أبو خلف مختلف المعايير التي تستخدمها المؤسسات الدولية في تصنيف مؤسسات التعليم العالي في العديد من دول العالم، إذ أشار إلى أن المؤشرات التي تستخدمها صحيفة US News، تتمثل في:

تقدير الجامعات المناظرة، ونسبة الالتحاق والتخرج ، و متوسط بقاء الطلبة في مستوى السنة الأولى في الجامعة، ونسبة التخرج المتوقعة ، ونسبة التخرج الفعلية، والأداء لسنة القياس متميز أو رديء، ومستوى الأساتذة، والنسبة المئوية لعدد الشعب التي يوجد فيها أقل من ٢٠ طالبا، والنسبة المئوية لعدد الشعب التي يوجد فيها ٥٠ طالبا أو أكثر، ونسبة الأساتذة المتفرغين وربيعيات ومئينات علامات الطلبة لعلامات امتحان نسبة طلبة السنة الأولى الذين كانوا في أعلى ١٠% من خريجي المدرسة الثانوية، ونسبة القبول والموارد المالية للجامعة الأم، ودرجة تبرع الخريجين، ومعدل نسبة تبرع الخريجين للجامعة الأم.

أما المؤشرات والمعايير التي يستخدمها ملحق التعليم العالي لصحيفة التايمز البريطانية The Times Higher Education Supplement فتتمثل في:

شرط القبول ونسبة الطلبة: الأستاذ، وتقويم التعليم (علامة المتوسط الحسابي) وتقويم البحث (متوسط العلامات للعضو في الهيئة الأكاديمية)،

ونفقات الحوسبة والمكتبة لكل طالب متفرغ ولمعدل ثلاث سنوات، والنفقات على المرافق والكفاية (النسبة المئوية المتوقعة لإكمال الدراسة في وقتها)، ومعدل الصفين الجامعيين (السنتين الأولى والثانية) إلى السنتين الثالثة والرابعة، ونسبة الخريجين الذي حصلوا على وظائف كاملة أو يواصلون تعليمهم.

أماالمؤشرات والمعايير التي تستخدمها صحيفة يرسبكتوي(Perspektywy) البولندية فتشمل ما يلي: القوة العلمية: (المؤهلات والألقاب العلمية التي حصلت عليها الهيئة التدريسية في العام الأخير) والإمكانات العلمية: (المعدل المحوسب لأقسام الكليات العلمية من قبل لجنة البحث العلمي في الدولة)، وشروط القبول وعدد طلبة الدراسات العليا وخاصة طلبة الدكتوراه بالمقارنة مع مجموع الطلبة في مؤسسة التعليم العالي، ونسبة الأساتذة من حملة ألقاب أستاذ مساعد وأستاذ مشارك وأستاذ بالمقارنة مع العدد الكلي للهيئة التدريسية، ونسبة عدد الأساتذة إلى نسبة عدد الطلبة، وعدد الكتب في مكتبة الجامعة والكلية، وعدد المجلات المحلية التي تشترك فيها الجامعة ، وعدد المجلات الأجنبية التي تشترك فيها الجامعة، ومدى توفر المقاعد في قاعة المطالعة وحوسبة المكتبة وعدد الطلبة الأجانب بالمقارنة مع أعداد الطلبة المحليين وتوفر السكن الداخلي للطلبة الوافدين والنشاطات العلمية الطلابية والنشاطات الثقافية الطلابية.

أما بخصوص المؤشرات والمعايير التي تستخدمها صحيفة اساهي شيم بون(Asahi Shim bun) اليابانية، فتتضمن المؤشرات التربوية: وتشمل عدد الأساتذة إلى عدد الطلبة، وعدد أجهزة الحاسوب إلى الطالب، وعدد الكتب المستعارة لكل طالب، ونوعية الكافيتريا والمرافق، والخدمات المقدمة للمعوقين

(مثل المصاعد، الطرق المنحدرة، الكتب المطبوعة بخط (بريل) أجهزة تكبير الوثائق، السماعات، وأجهزة أخذ الملاحظات وغير ذلك).

أما المؤشرات البحثية فتشمل عدد النشرات التي أنتجها الأساتذة، وعدد النشرات التي اقتبس منها لنشرات أخرى، وكمية البحوث الممولة من الحكومة اليابانية والمعاهد الأخرى، وعدد مشاريع البحث المشتركة للجامعات والشراكة. أما بخصوص مؤشرات خدمة المجتمع فتشمل : تكرار ظهور الأساتذة في وسائل الإعلام العامة، وتكرار تقديم الأساتذة لمساقات إضافية، وعدد براءات الاختراع التي نالها الأساتذة ، وعدد مرات العضوية الأكاديمية في المجالس الحكومية، وعدد المرات التي يكتب فيها الأساتذة مقالات في الصحف والمجلات والنشرات الأخرى. وبخصوص المؤشرات الأخرى فشملت: رسوم الدراسة، ومتوسط العمر لأعضاء الهيئة التدريسية، ومدى تخريج سياسيين ولاعبي رياضة محترفين أولمبيين ورؤساء شركات من الجامعة، ونوعية امتحان القبول، وموقع الجامعة على الإنترنت، والنشرات الجامعية التي تعدها الجامعة للتعريف والترويج.

أما المؤشرات والمعايير التي تستخدمها صحيفة كاريل (Careel Journal) الروسية في تصنيف الجامعات، فتتمثل في: عدد المتقدمين بطلبات للمقعد الواحد، ومعدل الطالب في شهادة المدرسة الثانوية، ومعدل الطالب في جلسة امتحانات الصيف، ومعدل الطالب في امتحان التخرج النهائي، والنسبة المئوية للخريجين بدرجة الشرف، والنسبة المئوية للخريجين الذين التحقوا ببرنامج درجة الماجستير ودرجة الدكتوراه في الجامعة نفسها، والنسبة المئوية للخريجين الذين وجدوا وظائف بعد تخرجهم بستة أشهر، وعدد الأساتذة لكل ١٠٠ طالب وطالبة، والنسبة المئوية لحملة شهادة دكتوراه الفلسفة ودكتوراه العلوم بين الأساتذة، والنسبة المئوية للعبء التعليمي الذي يحمله أعضاء الهيئة التدريسية المتفرغين ،

وعدد الأعضاء الرسميين والأعضاء بالمراسلة للأكاديمية الحكومية للعلوم، وعدد مناقشات رسائل درجة الدكتوراه التي أجراها أعضاء هيئة التدريس خلال السنوات الخمس السابقة، وعدد الدراسات التي كتبها أعضاء هيئة التدريس خلال السنوات الخمس الأخيرة وعدد منح البحث التي حصل عليها أعضاء هيئة التدريس في السنوات الخمس الأخيرة، وعدد المهمات البحثية في الخارج التي قام بها أعضاء هيئة التدريس في السنوات الخمس الأخيرة، وميزانية الجامعة لكل طالب، وعدد محتويات المكتبة لكل طالب، ومرافق الشعب بالمتر المربع لكل طالب، ومرافق السكن بالمتر المربع لكل طالب، ومرافق الرياضة بالمتر المربع لكل طالب، وقائمة الاعتراف الدولي، وقائمة التقويم العام.

وأشار بروفين وابيركومبي (Provin & Abercomby)، إلى تجارب العديد من الدول والأقاليم في مجال تصنيف مؤسسات التعليم العالي، وتوصلوا إلى أهم المؤشرات والمعايير والمؤسسات التي تقوم بتنفيذ عمليات التصنيف في كل من المملكة المتحدة (بريطانيا) والولايات المتحدة وكندا واستراليا، وقارة آسيا، كذلك أشارا إلى أنواع التصنيفات والمؤشرات والمعايير المستخدمة في الدول والأقاليم المذكورة، ويلخص الجدولان (١)و(٢) هذه الأنواع (Provin & Abercomby, 2002, 2).

جدول (١): المؤشرات التي تستخدمها الدول التي يطبق فيها تصنيف مؤسسات التعليم العالي

البلد	الناشر	أصناف المؤسسات	عدد المؤشرات	الأوزان	التصنيف	أصناف المؤشرات (بدون مؤشرات فرعية)
المملكة المتحدة	ملحق التعليم العالي لمجلة التايمز	لا توجد	١٢	دون أوزان	نقاط عددية وتصنيف شامل	- نقاط المستوى (المعدل). - نسبة الطلبة/عضو هيئة تدريس. - تقييم التعليم. - البحث - الانفاق على المكتبة الكمبيوتر. - الانفاق على التسهيلات. - نسبة إكمال المرحلة الجامعية الأولى. - السنة الأولى والثانية. -توظيف الخريجين. - أعضاء هيئة التدريس المؤقتين. - التعليم والبحث. الدخل والبحث - الدخل من منح الابحاث والاتفاقيات والخدمات الأخرى.
كندا	ماكلين	- الشهادات الجامعية الأولى. - شامل. - الطب.	(٦) أصناف رئيسية و (٢٢) صنف فرعي.	الأوزان لـ: الطلبة (٢.١) الشعب (١.٨) الأبحاث (١.٧) التمويل (١.٢) المكتبة (١.٢) السمعة (٢.٠)	يقوم على مجموعات مختلفة من المؤشرات إضافة إلى تصنيف كلي.	- حجم الطلبة. - الصفوف/ الشعب. - الكلية. - التمويل. - المكتبة. - السمعة.
استراليا	مؤشر الجامعات الاسترالية الجيدة	لا توجد	٢١	دون أوزان	- تصنيف يقوم على مؤشرات تتراوح ما بين عال جدا إلى متدن جدا. -لا يوجد تصنيف كلي	- الخصائص. - القبول والمساواة. - من يوجد في المؤسسة. - الخبرة. - نتائج الخريجين. -القائمة على تصنيفات محددة.

الولايات المتحدة	مجلة us.news (أفضل الكليات الأمريكية).	- على مستوى الدولة. - على مستوى المناطق. -كليات متخصصة. -كليات هندسية. -كليات الأعمال.	(٧) مؤشرات رئيسية و (١٠) فرعية	الأوزان لـ: - السمعة (٢.٥) - اختيار الطلبة (١.٥) - مصادر الكلية (٢.٠) - التمويل (١.٠) - تأخر التخرج (١.٠) - معدل التخرج (١.٥) - معدل أداء الخريجين (٠.٥)	يقوم على (٧) مؤشرات وتصنيف كلي ومعايير فرعية.	- السمعة الأكاديمية. - اختيار الطلبة. - مصادر الكلية. - تصنيف التأخر في التخرج. - المصادر المالية. - معدل التخرج. - معدل أداء الخريجين.
آسيا	مجلة أسبوعية آسيا Asiaweek (أفضل الجامعات).	لا توجد	(٦) مؤشرات رئيسية + (١٩) مؤشر فرعي.	الأوزان لـ: - السمعة (٢.٠). - اختيار الطلبة (٢.٥) - مصادر الكلية (٢.٥) -الأبحاث (٢.٠) - التمويل (١.٠)	يقوم على مؤشرات وتصنيف كلي ونقاط على المؤشرات الفرعية.	- السمعة الأكاديمية. - اختيار الطلبة. - مصادر الكلية. - نتائج الابحاث. - المصادر المالية. - معدل الحواسيب للطلبة وللمدارس التقنية والعلمية.

جدول (٢):أصناف المؤشرات المستخدمة في تصنيف مؤسسات التعليم العالي تبعا للدولة

موضوع التصنيف	المملكة المتحدة (بريطانيا)	كندا	استراليا	الولايات المتحدة الأمريكية	آسيا
الطلبة	- معايير الدخول (القبول) - المعدل الحقيقي لتحصيل الطالب في السنة الأولى والدرجة الجامعية الأولى/العمر دون (٢١) سنة في العام ٩٨/٩٧	- معدل قبول الطلبة. - معدل (٧٥%) فما فوق. - استثناء تأهيل السنة الأولى. - الطلبة الدوليين (غير المحليين). - جوائز الطلبة.	- القبول والمساواة. - مرونة القبول. - التوازن بين الذكور والإناث. - مشاركة الأصلاء حصة الطلبة في الدراسات المتعلقة بـ (TAFE) - حصة الطلبة. - المشاركون وأعداد قبولهم. - الخصائص. - الطلب على الطلبة. - عدد الطلبة. - الدراسات العليا. - حصة الطلبة فوق (٢٥) عاما. - عدد الطلبة في الخارج. - عدد الطلبة الأجانب. - عدد الطلبة في البرنامج الجزئي.	- اختيار الطلبة. - معدل القبول. - العائد. - شعب المدارس العليا أعلى (١٠-٢٥%) من الجامعات الوطنية والكليات. - مصادر الكلية. - النسبة المئوية للدراسات الكاملة الدوام.	- الاختيار. - معدل القبول. - العائد. - شعب المادارس العليا أعلى ١% أو مستوى "أ" في الامتحانات الوطنية الموازنة. - علامات امتحانات القبول الوطنية أو الجامعية.

الشعب والتعليم	- نسبة الطلبة إلى العاملين. - نسبة قبول الطلبة. - المبعوثين إلى الطلبة غير المبعوثين. - تقييم التعليم. - مراجعة المواضيع من قبل مجلس الدعم المالي.	- الشعب. - حجم شعبة السنة الأولى والثانية. - حجم شعبة السنة الثالثة والرابعة. - معلمي الشعب في الكليات الدائمة.	- الخبرة. - نسبة الطلبة إلى العاملين. - الخبرة التعليمية وتدريب الخريجيون.	- مصادر الكلية. نسبة الطلبة للكلية. - حجم الشعب.	- مصادر الكلية. - حجم الشعبة. - نسبة الطلبة للمعلمين.
الكلية	- التعليم والأبحاث. - نسبة العاملين الأكاديميين بعقود دائمة.	- الكلية. - كليات درجة الدكتوراة. - الجوائز للكيات التي تقدم برامج أكاديمية كاملة الدوام.	- الخبرة. - مؤهلات العاملين.	- مصادر الكلية. - تكاليف الكلية. - الكليات التي تمنح الدرجات العليا.	- مصادر الكلية. - المعلمين ودرجات التخرج. - متوسط الدفع. - الانفاق لكل معلم جامعي.
المصادر	- نفقات الكليات. - معدل الانفاق الأكثر من ثلاث سنوات على الطلبةوالعاملين نسبة إلى عدد الطلبة. - الانفاق على الكمبيوتر والمكتبة. - معدل الانفاق لأكثر من ثلاث سنوات على الخدمات الأكاديمية.	—	* الخصائص - الدخل الفردي	* المصادر المالية المصادر المالية تقاس من خلال معدل الانفاق على كل طالب دوام كامل الخدمات العامة والدعم الأكاديمي والدعم المؤسسي- والتشغيلي والصيانة.	* المصادر المالية - الانفاق الكلي. - الانفاق الكلي لكل طالب. - الانفاق على المكتبة لكل طالب. - الدخول في الانترنت. - عدد الكمبيوترات لكل طالب في الكليات العلمية والتقنية.

الأبحاث	* دخل الأبحاث. - الدخل الكلي من المنح والعقود.	—	* الخصائص - الأداء البحثي.	—	* مخرجات البحوث - الاقتباسات لكل استاذ في المجلات الأكاديمية الأسبوعية. - تمويل البحوث. - الأساتذة من حملة الدكتوراة. - الطلبة الخريجون.
التخريج	- توظيف الخريجين. - خريجي الجامعات البريطانية الذين يحصلون على عمل أو يكملون دراستهم أو يتدربون كنسبة من خريجي الجامعات والمعاهد الأخرى.	* الطلبة - نسبة الطلبة الخريجين.	* مخرجات الخريجين - الحصول على عمل. -رواتب الخريج. - النتائج الإيجابية للخريج.	* إدارة الخريجين - الفرق بين معدل نتائج خريجي الست سنوات في سنة معينة مع نفقات التعليم. - تصنيف الباقين في الجامعة. - معدل المتبقين للخريجين. - معدل الطلبة المستجدين إلى المتبقين.	—
السمعة	—	* السمعة - دعم الخريجين. - الدراسات المسحية للسمعة.	* الخصائص - البرستيج (الهيئة والاحترام)	* السمعة الأكاديمي معدل تصنيف الجودة للبرامج الأكاديمية التي يتم تقييمها من قبل مؤسسات رسمية أو معاهد مشابهة.	—
المتفرقات	—	—	* الخبرة - التنوع الثقافي مجالات الدراسة. - المقارنة مع جامعات أخرى	—	—

تعتبر الولايات المتحدة من أوائل الدول التي خاضت تجربة إجراء عمليات تصنيف لمؤسسات التعليم العالي وفقا لمعايير محددة، وكان ذلك في العام (١٩٨٣)، وقامت به مجلة(US News) ونشرته تحت عنوان (1984 Rating of Colleges) - وتقوم هذه المجلة منذ ذلك الوقت بإصدار هذا التصنيف بشكل سنوي، والجدول رقم (٣) يوضح المعايير التي تستخدمها في عمليات التصنيف:

جدول رقم(٣):المعايير التي تستخدمها مجلة US News في تصنيف الكليات الأمريكية وأوزانها

رقم المعيار	المعيار	الوزن المئوي %
١	السمعة الأكاديمية	٢٥
٢	معدل الخريجين على المتبقين في الجامعة	٢٠
٣	مصادر الكلية (نسبة النسب التي تحتوي أقل من ٢٠ طالب) وتكلفة الكلية، نسبة الشعب (٢٠) طالب فأكثر	٢٠
٤	اختيار الطلبة	١٥
٥	المصادر المالية	١٠
٦	معدل الخريجين	٥
٧	معدل أداء الخريجين	٥
	المجموع	١٠٠

وهناك أيضا مجموعة من المؤسسات الأمريكية التي تقوم بعمليات التصنيف مثل التصنيف الذي تقوم به (برامج لومباردي) (Lombardi Programm) ومعهد (Intercollegiate Studies Institute). (أبو خلف، ٢٠٠٤، ٣).

ما تقدم تناول تطور التعليم العالي محليا وعربيا ودوليا والدور الهام الذي يلعبه التعليم العالي في بناء الحضارات والمجتمعات وتنميتها، وكذلك أهمية الدور الذي تلعبه معايير الجودة والتميز والنوعية والاعتماد للارتقاء والنهوض بمؤسسات التعليم العالي، وأيضا عرض أشهر نماذج التميز العالمية ومنها نموذج جائزة مالكولم بالدريج في أميركا وكذلك نموذج المؤسسة الأوروبية للجودة (EFQM) لما لهذه النماذج والجوائز من أهمية في تحفيز المؤسسات على تحسين وتطوير أدائها. وصولا الى التعريف بتصنيف المؤسسات وأهدافه الساعية إلى ضبط الجودة والنوعية و منح جوائز التميز، ومن ثم التطرق إلى مؤشرات تصنيف المؤسسات وأوزانها في بعض الدول الغربية.

ثانيا: الدراسات السابقة:

في هذا الجزء من الدراسة تم استعراض الدراسات والأبحاث التي تناولت موضوع التميز في مؤسسات التعليم العالي وأنظمة إدارة الجودة وضبطها وتصنيف مؤسسات التعليم العالي، ولقد تم تقسيم هذه الدراسات إلى دراسات عربية، ودراسات أجنبية. وروعي في عرض هذه الدراسات التسلسل الزمني من الأحدث إلى الأقدم، وفيما يلي عرض لأهم الدراسات التي تمت مراجعتها لما لذلك من أهمية في إضاءة العديد من الجوانب المتعلقة بموضوع الدراسة.

الدراسات العربية:

دراسة الشلبي، بعنوان: "نموذج رياضي لمقارنة نوعية التعليم في الجامعات الفلسطينية"، هدفت الى تصميم نموذج رياضي لمقارنة نوعية التعليم في الجامعات إذ قام بتحديد مؤشرات مستوى النوعية لأداء الجامعات وتمثلت هذه

المؤشرات بما يلي: معدل الطلبة لكل عضو هيئة تدريس، مؤهلات أعضاء هيئة التدريس، تفرغ أعضاء هيئة التدريس، عبء التدريس، عدد البرامج، عدد أجهزة الحاسوب، عدد الطلبة الجدد، عدد الخريجين السنوي، عدد المجلات العلمية المتوفرة، الناتج البحثي، طريقة التدريس داخل الصف، الخطط التدريسية، طريقة تقييم الطلبة، طريقة تقييم أعضاء هيئة التدريس، الخدمات المساندة، نوع المرافق، تأهيل تربوي، نمط الإدارة، المناخ الجامعي، توفر الأجهزة والمعدات، نوع الجامعة، جهة الإشراف، موقع الجامعة.

ثم قام الباحث بإعادة تصميم هذه المؤشرات لتكون قابلة للتطبيق في نموذج رياضي، وشملت:

١. نسبة الطلبة إلى عدد أعضاء هيئة التدريس المكافئ.

٢. نسبة أعضاء هيئة التدريس من حملة الدكتوراه إلى عدد البرامج التي تعطي شهادة البكالوريوس.

٣. نسبة غير المتفرغين من أعضاء هيئة التدريس إلى المتفرغين.

٤. نسبة مجموع ساعات العمل الإضافي إلى مجموع المتفرغين من أعضاء هيئة التدريس.

٥. نسبة حملة الماجستير من أعضاء هيئة التدريس إلى المتفرغين.

٦. نسبة الناتج البحثي المحكم إلى المتفرغين من حملة الدكتوراة خلال سنة.

٧. نسبة الطلبة الجدد إلى المتوقع تخرجهم من العام نفسه.

٨. نسبة مجموع أجهزة الحاسوب المتوفرة لاستعمال الطلبة إلى العدد الكلي للطلبة.

ومن ثم قام الباحث بتوزيع هذه المؤشرات بإعطاء وزن وأهمية لكل مؤشر وبذلك يكون لكل مؤشر وزن مئوي كجزء من المؤشر الكلي الذي

يشكل النموذج الرياضي لنوعية التعليم في الجامعات الفلسطينية الذي توصل اليه الباحث. (الشلبي، ٢٠٠٤).

وقام الحولي، بإجراء دراسة بعنوان "تصور مقترح لتحسين جودة التعليم الجامعي الفلسطيني"، هدفت إلى الإجابة عن الأسئلة التالية: ما واقع التعليم الجامعي الفلسطيني؟، ما هي جودة التعليم؟، ما التصور المقترح لتحسين جودة التعليم الجامعي الفلسطيني؟.

وتوصلت الدراسة إلى أن التعليم العالي الفلسطيني يتمتع بوضع خاص، إذ يلتحق حوالي (٢%) من مجمل الفلسطينيين بالتعليم العالي، ويبلغ معدل الالتحاق الإجمالي بالتعليم العالي الفلسطيني في سن (١٨-٢٤) عاما أكثر من (١٥%)، وهي نسبة أعلى من ما هو موجود في البلدان النامية والعربية.

أما فيما يتعلق بجودة التعليم، فقد أشارت الدراسة إلى أن الاتجاهات والمناهج الحديثة في قياس وإدارة الجودة تعمل على تجاوز النظرة الضيقة، والعمل على قياس مخرجات التعليم الجامعي المتمثلة في توفر خصائص محددة عند الخريجين، إضافة إلى قياس جودة الخدمة وعناصر تقديم الخدمة التعليمية على مستوى البكالوريوس والماجستير والدكتوراة. وقام الباحث بالاعتماد على العديد من المعايير التي تستخدمها بعض المؤسسات الدولية في هذا المجال لوضع المؤشرات والمعايير التي تقيس جودة الخدمات التعليمية الجامعية وتتمثل في المنهج العلمي والمرجع العلمي وأعضاء هيئة التدريس وأسلوب التقييم والنظام الإداري والتسهيلات المادية.

وقدم الباحث تصورا مقترحا لتحسين جودة التعليم الجامعي الفلسطيني يتمثل في إنشاء وحدة للجودة في كل جامعة فلسطينية من أجل ضمان جودة خدمات التعليم العالي التي تقدمها الجامعات وتعزيزها. وطالب كذلك بإنشاء مركز وطني لتطوير التعليم الجامعي وتعزيز البحث العلمي بالجامعات الفلسطينية، وإنشاء هيئة مشتركة للتعاون والتنسيق بين فعاليات كل من سوق العمل والتعليم العالي.(الحولي،٢٠٠٤)

وأجرى أبو خلف، دراسة بعنوان "التعريف بتصنيف الجامعات وارتباطها بالنوعية"، قام الباحث خلالها باستعراض التجربة الدولية في مجال تصنيف الجامعات ودرجة ارتباطها بالنوعية والجودة، إذ استعرض التجارب الأمريكية والبريطانية والألمانية واليابانية والبولندية والروسية. كذلك استعرض أنواع التصنيف الثلاث (الشامل،الجزئي، المنوع) المستخدمة عالميا.

كما استعرض الباحث المعايير والمؤشرات المستخدمة في تصنيف هذه الجامعات، وبين درجات تفاوتها من هيئة تصنيف إلى أخرى ومن نوع تصنيف إلى آخر وحسب نوع الجامعة. وبين الباحث أنه ومن أجل جعل عملية تصنيف الجامعات تعكس النوعية والجودة بموضوعية، فإن عملية التصنيف يجب أن يتوفر فيها المعايير التالية:

١. يجب أن تتمتع المؤشرات بالصدق والثبات والقابلية للمقارنة.
٢. يجب أن تشمل المؤشرات مجمل المدخلات والعمليات والمخرجات في العملية التعليمية بالكامل.
٣. يجب أن تكون المؤشرات المستخدمة في عملية التصنيف موضوعية وليست ذاتية.

٤. يجب استخدام إجراءات معيارية لجمع وتخزين وتحليل وعرض المعلومات لضمان جودة إجراءات التقييم.

وطالب الباحث بضرورة إجراء عمليات تصنيف للجامعات وفق معايير محددة على الجامعات الفلسطينية في إطار عمليات تصنيف عربية. (أبو خلف، ٢٠٠٤).

وأجرى الموسوي، دراسة بعنوان "تطوير أداة موضوعية لقياس درجة استيفاء مبادئ إدارة الجودة الشاملة في مؤسسات التعليم العالي"، ولتحقيق ذلك قام الباحث بتطوير مقياس تضمن في صورته النهائية (٤٨) فقرة استوفت معايير الصدق والثبات، وتغطي أربعة مجالات أساسية في إدارة الجودة الشاملة، وتم تطبيق المقياس على (٦٠) أستاذا في جامعة البحرين.

وتوصلت الدراسة إلى أنه يمكن القول بأن مقياس إدارة الجودة الشاملة في التعليم العالي يتمتع بخصائص (سيكومترية) تجعله أداة موثوقة يمكن استخدامها لقياس مدى تحقق عناصر الجودة الشاملة في مؤسسات التعليم العالي، وبالتالي تعرف مواطن القوة والضعف في أدائها، والعمل على اتخاذ الإجراءات اللازمة لتطويره.

وأشارت نتائج الدراسة كذلك إلى أن إحدى ميزات المقياس المطور بالمقارنة مع المقاييس المماثلة له في الأدبيات الأجنبية تتمثل في قدرة بنوده على تمثيل مجالات إدارة الجودة الشاملة رغم عدم كثرتها، وهو ما يجعل المقياس سهل التطبيق، ويوفر مجالا رحبا لصانعي القرار كي يكرسوا جهودهم لتحسين ممارسات أعضاء هيئة التدريس في مجال التدريس والتقويم، وتهيئة المناخ الأكاديمي المناسب لعمل الأستاذ الجامعي والبيئة التعليمية لتتلاءم وتطلعات الطالب الجامعي وطموحاته.

كما وأوصى الموسوي في نهاية دراسته بأن تقوم مؤسسات التعليم العالي في دول الخليج العربي والمنطقة العربية بتطبيق المقياس والاستفادة منه في تجويد أدائها، وتطوير عمليات التعليم والتعلم وتحسين مخرجات التعلم فيها. كما يمكن الاستفادة من المقياس في قياس جودة التعليم العالي، إضافة إلى أنه سوف يساعد المسؤولين في مؤسسات وزارات التعليم العالي على اتخاذ القرارات الأكاديمية والمهنية المناسبة لتطوير العملية التعليمية والتعلمية فيها. (الموسوي، ٢٠٠٣).

وأجرى محجوب دراسة بعنوان "إدارة الجامعات العربية في ضوء المواصفات العالمية"، تناول فيها تحليلا لمفاهيم الجودة وأبعادها والمواصفات والاتجاهات المعاصرة والاهتمام بالجودة والجوائز العالمية ذات العلاقة بتميز الجامعات.

وقدم تصورا مقترحا متكاملا لجائزة عربية للجودة الجامعية تتضمن مراحل تطبيقها والمعايير الواجب استخدامها لتقييم أداء الجامعات العربية تحت عنوان "دليل مقترح لمعايير الجودة الجامعية العربية"، تضمن الإدارة الجامعية كبعد أول من حيث التنظيم والقيادة والتخطيط والبرامج والسياسات الجامعية والمسؤوليات والصلاحيات والاتصالات وتخصيص الموارد ومشاركة العاملين، وتضمن كذلك نظام إدارة الجودة كبعد ثان، وشمل وثائق وسجلات نظام إدارة الجودة وأسلوب ضبطها والعمليات والمعايير وتوفير الموارد للعمليات وغيرها من إجراءات الجودة، إضافة إلى تطوير الجودة وتحسينها كبعد ثالث، من حيث الأهداف والخطط والأساليب المستخدمة في تطوير الجودة والتخصيصات المالية لأنشطة تطوير الجودة وتطوير المناهج والمساقات والتقنيات التعليمية والمختبرية وطرائق التدريس وتقييم نتائج اختبارات الطلبة وأساليب تطوير أداء أعضاء هيئة التدريس. أما البعد الرابع للمعايير فكان رضا الزبائن (الطلبة والمجتمع)،

وشمل أساليب دراسة متطلبات الزبائن واحتياجاتهم والعلاقة مع الزبائن والتقارير الخاصة برضاهم وجهود تطوير رضاهم. أما البعد الخامس فقد تناول الأنشطة الجامعية العلمية من حيث المؤتمرات والندوات العلمية وحركة البحث العلمي والتأليف والنشر والاتفاقيات العلمية والثقافية والدراسات والمشروعات البحثية التعاقدية وتوفير المراجع ومصادر التزود العلمي وعضوية الاتحادات والجمعيات الدولية وهيكلية الاختصاصات والمراتب العلمية، أما البعد السادس والأخير فقد تناول الأنشطة الجامعية الأخرى وشمل خدمة المجتمع وخدمات العاملين والخطط والبرامج وخدمات الطلبة. (محجوب، ٢٠٠٣) .

وأجرى العزاوي دراسة بعنوان " تقديم نموذج مقترح لكيفية تطوير أنظمة إدارة الجودة للمؤسسات الجامعية"، بالاستناد إلى أداة عالمية وهي المواصفة العالمية (آيزو ٩٠٠٠) الصادرة في عام ٢٠٠٠، وقد توصلت الدراسة إلى أن الأداة المقترحة لحصول المؤسسة الجامعية على شهادة الجودة وفقا للمواصفة المذكورة أعلاه أو أي مواصفة وطنية أو قومية يمكن أن يحقق لها منافع عدة، منها:

١. تحسين نوعية الخدمات التعليمية.

٢. تحسين كفاءة الأنشطة العلمية والخدمية.

٣. التحسين المستمر وخصوصا في المجال المعرفي الإبداعي.

٤. تقليل التكاليف والهدر والتسرب.

٥. المراقبة المحكمة للعمليات التعليمية والتربوية والخدمية.

كما وانه يمكنها من مواجهة المنافسة الداخلية ويؤمن لها في الوقت نفسه إمكانية تعزيز ميزته التنافسية على المستوى العالمي. (العزاوي، ٢٠٠١)

وأجرى درة دراسة بعنوان:"الجامعات العربية وتحديات القرن الحادي والعشرين"، وهدفت إلى الإجابة عن الأسئلة التالية:

١. أين واقع الجامعات العربية من تحديات القرن الحادي والعشرين وأبرزها العولمة والنوعية المتميزة في التعليم الجامعي؟

٢. كيف تشخص الجامعات العربية واقعها في مواجهة تلك التحديات؟

٣. ما خطة العمل في ضوء معرفة الواقع وتشخيصه؟

وقد توصلت الدراسة إلى أن الجامعات العربية عاجزة في وضعها الحالي عن مواجهة التحديات المستقبلية، ولذلك أوصت بضرورة:

١. وضع خطة لتحسين الأداء الإداري وتحسين المناهج وتعميق العلاقات مع الطلبة والمجتمع المحلي، وإدخال التكنولوجيا الحديثة.

٢. وضع نظام حوافز للعاملين المتحمسين للتغيير.

التخلص من المنظومة الفكرية التقليدية في التعليم الجامعي وتبني أفكار جديدة لإحداث نقله في المنظومة الفكرية. (درة، ١٩٩٧)

وأجرى رحمة دراسة بعنوان: "بناء أنموذج للتقويم الشامل لعضو هيئة التدريس الجامعية"، هدفت إلى تطوير أداة للتقويم الشامل لأداء أعضاء الهيئة التدريسية قابلة للاستخدام في الجامعات العربية، وتتمتع بالصفات التي ينبغي توافرها في أدوات التقويم الكيفية، وفي نهاية الدراسة قام الباحث بتطوير أداة (أنموذج)، يحتوي على البيانات الشخصية لعضو هيئة التدريس ويشمل الاسم والمؤهل والاختصاص وتاريخ التعيين والترقيات والمراتب العلمية التي حصل عليها والمهمات المكلف بها والخبرات العلمية والمهنية، والمناصب والأعمال

والمهمات التي قام بها، ثم المهمات المتصلة بالتدريس من حيث تطوير المقررات، وإعداد المادة العلمية، والتدريس، والتعامل مع الطلبة، ثم الإنتاج العلمي من البحوث والمؤلفات سواء كانت بحوث علمية أو كتب أو مقالات، ثم الخدمات الجامعية وتشمل الوظائف الإدارية والاستشارية وعضوية اللجان التي كلف بها، وخدمة المجتمع وتشمل كذلك أعمال التدريب والتعليم والاستشارات والمساهمات في مشاريع التنمية المختلفة وإقامة المعسكرات والنشاطات الهادفة إلى خدمة المجتمع والمشاركة في المؤتمرات والندوات وورش العمل، إضافة إلى جهود عضو هيئة التدريس لتنمية مهاراته الذاتية المهنية ثم ابتكاراته وانتخابه لمناصب متميزة. (رحمة، ١٩٩٦)

الدراسات الأجنبية:

فيما يلي بعض الدراسات الأجنبية التي تمت مراجعتها عن الجودة والتميز في التعليم العالي:

أجرى بومتايا وزايري،(Bomtaia & Zairi) دراسة بعنوان" الجودة في التعليم العالي " Quality In Higher Education" هدفت إلى استعراض أفضل الممارسات التطبيقية لإدارة الجودة الشاملة "Benchmarking" في التعليم العالي، وتم ذلك من خلال تحليل البيانات النوعية التي تم جمعها من خمس جامعات في الولايات المتحدة الأمريكية، وهي جامعة ولاية بنسلفانيا، وجامعة ويسكنسون ماديسون، وجامعة شمال غرب ولاية ميسوري، وجامعة ميريلاند، وجامعة ستانفورد.

تم التعامل مع كل جامعة على حده باستخدام أسلوب دراسة الحالة، وباستخدام معايير "جائزة مالكولم (Malcolm) للجودة الوطنية لعام ٢٠٠٠ (Malcolm Baldrige National Quality Award (MBNQA) والتي تضمنت سبعة معايير تتمثل في القيادة (Leadership) والتخطيط الاستراتيجي (Strategic planning) ورؤية الطلبة والمساهمين (Students and Stackholders Focus) والمعلومات والتحليل (Information and Analysis) ورؤية الكلية والعاملين (Faculty and Staff Focus) وإدارة عمليات الدعم والتعليم (Educational and Support Process Management)، وأخيرا نتائج الإداء الوظيفي (Organizational Performance Results). وتوصلت الدراسة إلى أن المعايير السبعة التي وضعتها جائزة مالكولم (MBNQA)، أبرزت تميز الجامعات الخمس المذكورة في ممارستها، إذ إن التزام قيادة الجامعة بتحقيق الجودة شكل الدافع الرئيسي لتطبيق أداة الجودة الشاملة داخل الجامعة، وكذلك الممارسة الواسعة للتخطيط الاستراتيجي وانتشار خطط العمل الأمر الذي مكن الجامعات من التميز إضافة إلى تلبية حاجات وتوقعات الطلبة والمساهمين، يضاف إلى ذلك إمكانية الاستخدام الأمثل للمعلومات وتحليلها في الجامعات من حيث الاهتمام بحاجات الكليات في إطار أهداف الجامعة ورسالتها، ودعم الإدارة والتعليم ومراقبة الأداء التنظيمي في مختلف الوحدات والمستويات الإدارية في الجامعة، إذ شكلت بمجملها مؤشرات واضحة على تميز هذه الجامعات. (Bomtaia, & Zairi 2004).

وفي دراسة مسحية أعدها معهد التقييم الدنماركي (The Danish Evaluation Institution,)، بعنوان: " إجراءات الجودة في مؤسسات التعليم العالي الأوروبية"، " Quality Procedures in European Higher Education" هدفت إلى تحديد الأساليب المشتركة المستخدمة لضمان الجودة في الدول الأوروبية في المؤسسات التعليمية. وقد تم تحديد نماذج التقييم المستخدمة في الدول الأوروبية المختلفة وتحليل أوجه الشبه والاختلاف الأساسية بينها.

وخلصت الدراسة إلى أن أساليب تأكيد الجودة توسعت على مستويين منذ العام (١٩٩٠) من حيث الإطار الذي تشمله وأنواع الأساليب المستخدمة في عملية التقييم، وخاصة في مفاهيم الاعتماد والتصنيف. وأشارت النتائج كذلك إلى زيادة أهمية واستخدام النموذج الأوروبي لضمان الجودة " European National Quality Assurance" (ENQA) بشكل ملموس خلال السنوات الماضية على تنفيذ الدراسة (The Danish Evaluation Institution, 2003).

وأجرت روزا وآخرون (Rosa, et al)، دراسة بعنوان"تطوير نموذج للتميز في مؤسسات التعليم العالي البرتغالية" " The Development of Excellence Model for Portuguese Higher Education Institution"، هدفت إلى تطوير أنموذج للتميز لمؤسسات التعليم العالي في البرتغال، ولتحقيق ذلك استخدم الباحثون المنهج النوعي في البحث، وقد كانت الدراسة مستندة إلى مجموعة من المعتقدات لدى الباحثين تتعلق بقناعاتهم بان التزايد الهائل بأعداد الملتحقين بالتعليم العالي أدى إلى تزايد أعداد مؤسسات هذا النوع من التعليم، وبالتالي أوجد تحديات كبيرة، وهم يعتقدون أنه من خلال

تطبيق التقييم وأنظمة إدارة الجودة يمكن أن تفكر كل مؤسسة أين تقف، وماذا تريد أن تكون في المستقبل، وكيف يمكن أن تصل، وأن تواصل تطوير أدائها.

من جهة ثانية فقد أقر الباحثون أن قياس التطوير والأداء صعب أو حتى مستحيل من خلال أهداف التعليم العالي، ولكن مع نمو الاهتمام بالنوعية، والحاجة إلى المحاسبة والمسؤولية أمام المجتمع، جعل من التقييم حقيقة لا يرقى إليها الشك ويشمل التعليم والبحث والأنشطة المزودة بالخدمات أو مداخل المستوى المؤسسي.

وأشارت الدراسة إلى أن كثيرا، من الدول التي طورت نظم تقييم للتعليم العالي، عادة تستخدم مقياسها الذاتي بصورة أولية، ثم تلجأ بعدها إلى مقاييس خارجية مثل مقياس(ISO 9000) أو مقاييس أخرى مختلفة.

ولتضمين كل ما سبق في سياق نظام التعليم العالي، ومحاولة إيجاد دليل قابل للتطبيق، لتطوير أنموذج ممكن للتميز لمؤسساتها فإن الحاجة تصبح ماسة لتعرف هذه المؤسسات. لهذا فقد قاموا بتطبيق المسح الأول والذي غطى كل مؤسسات التعليم العالي في البرتغال، وكان الهدف من ذلك هو تحليل وتقييم الإدارة ونوعيتها، ونوعية التقييم واستراتيجية الإدارة وقد وزعوا لهذا الهدف (٢٧٠) استبانة تلقوا منها (٥٦) استجابة صالحة، ثم بعد ذلك قاموا بتحليل الاستجابات ووجدوا أنها تمس تسع وظائف لمؤسسة التعليم العالي هي: التعليم والبحث والخدمات المقدمة للمجتمع الخارجي والخدمات الإدارية والخدمات الاجتماعية والخدمات التقنية والخدمات الوثائقية والخدمات الحاسوبية.

ثم واصلوا البحث من خلال اختيارهم لـ (١٦) مؤسسة تعليم عالي، أجروا فيها إحدى وعشرين مقابلة معمقة توصلوا من خلالها إلى أنه لا توجد لوائح أو

قوانين موحدة تتبعها كل الجامعات في البرتغال، وأن هذه المؤسسات تعتبر أن أداء كادرها الأكاديمي وغير الأكاديمي ضعيف، وأنه لا يوجد أي اعتبار للمنتفعين (Clients) ولا لحاجاتهم ولا توجد أهداف واضحة يتم السعي لتحقيقها.

كما توصلوا إثر المقابلات المعمقة إلى أن أي أنموذج لتقييم أداء مؤسسات التعليم العالي، لا بد وأن يتضمن المحاور التالية: العلاقة مع البيئة، تدريب المعلمين والباحثين، ودمج الطلبة في الحياة النشطة، والعالمية، وطرق التعليم الجديدة، وتطوير المناهج، وتطوير التكنولوجيا، والثقافة، والنظام الداخلي، والانتشار الجغرافي/ المكاني، والإدارة، وإدارة البحث والتعليم الناجح، والتطوير المناطقي، وعلاقة التعليم العالي بالتعليم الثانوي. (Rosa, et al, 2001).

وأجرى كل من وارن وترانتر (Warn and Tranter) دراسة بعنوان " قياس الجودة في مؤسسات التعليم العالي: منحى الكفاءة" " Measuring Quality in Higher Educational Competency Approach" هدفت هذه الى معرفة درجة تطوير الكفاءات العامة والشاملة للخريجين من خلال فحص مفهوم الخريجين للعناصر الأساسية:

١. النوعية العامة والكلية لدرجتهم الجامعية.

٢. درجة مناسبة درجتهم الجامعية لدخولهم سوق العمل.

وأشارت الدراسة إلى أن من أهم الأبعاد المتعلقة بموضوع نوعية التعليم في التعليم العالي هو نوعية النتائج المنجزة. وفي الدراسة كانت النتائج التي يتم تحقيقها هو تطوير سمات وخصائص الخريجين. وقد تم تبني قياس تطبيقي

وعملي بخصائص الخريجين بناء على العودة إلى نموذج شامل للكفاءة، ولقد تضمنت الدراسة أو شملت تقييما ذاتيا من قبل الخريجين أنفسهم.

ولقد خلصت الدراسة بأن نموذج الكفاءة المستخدم في الدراسة كان ذو نجاح جزئي في تقييم الخريجين لنوعية تعليمهم (Warn and Tranter, 2001).

كما توصلت دراسة جوزلينج وداندريا (Gosling and D'andrea) والتي كانت بعنوان "Quality Development: a New Concept for Higher Education" إلى نتيجة مفادها أنه بالرغم من النمو الضخم للعمليات المتعلقة بسلامة النوعية وضمانها في المملكة المتحدة، إلا أن هناك شكوكا متزايدة حول فعالية هذه العمليات في تحقيق نوعية محسنة ودائمة، تقدم هذه الدراسة فكرة أساسية مفادها أن نوعية خبرة الطلاب في تعليمهم العالي يمكن أن تتحسن وبشكل فعال من خلال الجمع بين التطوير التعليمي (العملية التعليمية) مع التأكيد على النوعية، وذلك من خلال منهج تام وشمولي، وقد أطلق على هذا المصطلح "تطوير النوعية" وتم تفسيره من خلال (٤) أمثلة مطروحة في هذه الدراسة.

(Gosling and Dandrea, 2001)

وفي دراسة كلاوز وولفجانج (Klaus and Wolfgang)، بعنوان " نموذج المؤسسة الأوروبية لإدارة الجودة: نموذج التميز الجديد وتأثيره على مؤسسات التعليم العالي".

"The New Excellence Model and Its Impact on Higher Education Institutions" (EFQM) (European Foundation for Quality Management)

هدفت إلى تقييم تطبيق نموذج للجودة على مؤسسات التعليم العالي. إن هذا النموذج الـذي يعتمـد عـلى التقييـم الـذاتي للمنظمات يعتـبر أداة قوية للسـيطرة عـلى عمليـات التحسـين التنظيمي المستمرة، ويدعم عمليات التحليل والتقييم العميقة للمناطق والمحاور التي تتطلب تطوير، وبالتالي يعتبر مدخلا علميا للتطوير الإداري.

وفي هذه الدراسة تمت مراجعة نموذج إدارة الجودة الأوروبي (EFQM)، وتم إجراء بعض التعديلات على بعض عناصره لتتلاءم وطبيعة المؤسسات التعليمية، وشملت عمليات التطوير بنيته الأساسية وجدول التقييم، وتمت عملية التعديل في ضوء خصائص الجامعات الألمانية، واعتبرهذا النموذج (المعدل) الخاص بالمؤسسات التعليمية والمعتمد على التقييم الذاتي، أحد أدوات ضمان الجودة النوعية العامة والمستخدمة في مؤسسات التعليم العالي وخاصة الجامعات.

(Klaus & Wolfgang, 2000)

أجرى أكسو (Xue) دراسة بعنوان "الممارسات الفعالة لتحسين الجودة المستمرة في كليات الولايات المتحدة وجامعاتها" " Effective Practices of Continuous Quality Improvement in United States Colleges and Universities" ولتحقيق أهداف الدراسة تم بناء أداة البحث بناء على جائزة (مالكولم بالدريج للجودة الوطنية)، (Baldrige National Quality Program) وشملت عينة الدراسة (٤٦٤) من الإداريين وأعضاء هيئة التدريس، وتوصلت الدراسة إلى أن هناك فروقا في الاستجابات حول إدارة الجودة الشاملة بين الإداريين وأعضاء هيئة التدريس، وأن مدة العمل في الكلية

عامل مؤثر في مدى تطبيق إدارة الجودة الشاملة، بينما لا يوجد أثر للجنس والعرق وحجم المؤسسة في مدى تطبيق إدارة الجودة الشاملة. (Xue, 1999).

وأجرى كوش (Couch) دراسة تتعلق " A Measurement of TQM in Selected North Carolina Community College" "قياس إدارة الجودة الشاملة في بعض كليات المجتمع في شمال كارولينا" هدفت إلى معرفة الفروق في استجابات الإداريين وأعضاء هيئة التدريس، وتضمنت الدراسة قياس مدى تأثير بعض المتغيرات في تطبيق الجودة مثل العوامل الشخصية وتشمل (العمر، الجنس، العرق، سنوات الخبرة). والعوامل المتعلقة بالمؤسسة مثل (درجة تطبيق إدارة الجودة الشاملة في شمال كارولينا) وتم بناء أداة البحث بناء على (جائزة مالكولم بالدريج للجودة الوطنية) " Baldrige National Quality Programme" وزعت الأداة على (٨) من الإداريين، و(٨) من أعضاء هيئة التدريس في (٢٩) كلية في شمال كارولينا للإطلاع عليها ومراجعتها، بعدها تم توزيع الأداة على عدد (٤٦٤) وتم إرجاع عدد (٣٦٨) استبانة، وتوصلت الدراسة إلى أن:

- هناك مستويات مختلفة لتطبيق إدارة الجودة الشاملة في كليات المجتمع التي تم فيها تطبيق هذه الأداة.
- هناك فروقا في الاستجابات عن إدارة الجودة الشاملة بين الإداريين وأعضاء هيئة التدريس.
- مدة العمل في الكلية عامل مؤثر في مدى تطبيق إدارة الجودة الشاملة.
- الجنس والعرق عاملان لا يؤثران في مدى تطبيق معايير الجودة الشاملة.

- العوامل الأخرى مثل المنطقة، وحجم المؤسسة، ومدى تطبيق معايير الجودة الشاملة، لم يكن لها أثر في مدى تطبيق الكلية لمعايير الجودة الشاملة.

- أدت الجوانب الإيجابية التي لها أثر في تطبيق معايير الجودة الشاملة إلى تحسين وتطوير الاتصال و تطوير النظام وخدمة متلقي الخدمة وزيادة المساهمة في المشاركة في صنع القرار على مستوى الكلية.

- الجوانب السلبية لتطبيق معايير الجودة الشاملة شملت عدم التناسق بين فلسفة كلية المجتمع والواقع العملي، ضياع الكثير من الوقت، زيادة كثافة العمل والكثير من العمل الكتابي. (Couch, 1999)

وأجرى عبد الملك وآخرون(Abdul Malek, Tambi & William) دراسة بعنوان "دراسة مقارنة لممارسات الجودة في مؤسسات التعليم العالي في الولايات المتحدة وماليزيا A" Comparative Study of Quality Practice in Higher Education Institutions in US and Malisia "هدفت إلى مناقشة تنفيذ إدارة الجودة الشاملة في مؤسسات التعليم العالي ومساهمتها في الأداء والتفوق في العمل بالإضافة إلى معرفة الاختلاف في ثقافة الجودة بين أنظمة التعليم العالي في البلدين. وتوصلت الدراسة إلى أن هناك نسبة عالية من المؤسسات التي تطبق إدارة الجودة الشاملة في كلا البلدين كان الأداء فيها عاليا، أما المؤسسات التي لا تطبق إدارة الجودة الشاملة، وهي ضئيلة، كان الأداء فيها منخفضا. (Abdul Malek, Tambi & William, 1999).

وقامت دراسة بوليسينو وهول (Pollicino and Hall)، التي تحمل عنوان "التخطيط الاستراتيجي والتقييم والمساءلة: تأثيرهم على بناء التميز في الدوائر الأكاديمية" Strategic Planning, Assessment and

Accountability: Their Impact on the Establishment of Centers of Excellence

in Academic Department" بمراجعة العديد من الأدبيات المتعلقة ببرامج الجودة الأكاديمية، وناقشت عدد من الموضوعات التي واجهت احدى المؤسسات كنموذج، إضافة إلى مناقشتها لمستويات الطلبة الخريجين، وأداء الكليات كمؤشرين على الجودة. وركزت الدراسة كذلك من خلال مراجعتها للأدبيات ذات العلاقة على بعض المفاهيم مثل إدارة الجودة الشاملة، وتقييم الطلبة للجامعات، والتطوير (التغيير) الإداري والعوامل الإنسانية والتقنية وعرفت خصائص برامج الجودة الأكاديمية كجزء من ثقافة الأهداف المشتركة وبيئة الأعمال النشطة والمصادر الملائمة والدعم الجيد للإدارة.

أجريت الدراسة على مركز التميز في جامعة (St.Johns) في نيويورك، وتوصلت الدراسة إلى أن تخصيص المصادر يتكامل مع تقييم مخرجات الجامعة من الطلبة، وأداء الكليات. وقد اعتمدت الجامعة على معايير للقياس لاختبار الدوائر الأكاديمية كمراكز للتميز، من خلال المدخلات (القدرة على اجتذاب طلبة بمستوى عالي وخدمات (تسهيلات) مميزة، ونسبة توزيع الطلبة على الكليات)، والعمليات (توضيح البرامج الأكاديمية المقدمة من حيث فائدتها وحاجاتها ومناهج متقدمة جدا، تحتوي على قيمة عملية مضافة (Value-Added) تلبي حاجات الطلبة، ومخرجات (كليات منتجة وتوظيف الخريجين)، ومراعاة التوازن بين الجانب التقني (تحليل البيانات) والتنظيمي (قيم مشتركة) (Polticinor & Hall, 1998).

وأجرى فريد (Freed) دراسة بعنوان " Implementing The Quality In Higher Education" تطبيق الجودة في التعليم العالي"، هدفت إلى معرفة

الاعتبارات التي تسهم في تطبيق مبادئ الجودة الشاملة في التعليم العالي بالشكل المطلوب, وأشارت نتائج الدراسة إلى أن من أهم هذه الاعتبارات ما يلي:

-تحديد النتائج التي نريد التوصل إليها بدقة.

-الارتباط القوي بين الأنظمة الصغيرة داخل المؤسسة.

-مراعاة متطلبات الأفراد ومتطلبات النظام.

-بناء القرارات على الواقع الفعلي.

-التفاوض والمشاركة في صنع القرار.

-التعاون.

-التخطيط من أجل التغيير.

-القيادة الواعية والمساندة. (Freed, 1997).

دراسة هاتيندورف (Hattendorf) بعنوان "تصنيف التعليم في مؤسسات التعليم العالي: حقيقة أم وهم" "Educational Ranking of Higher Education fact or fictior" تناولت تصنيف التعليم العالي, وأشارت إلى أن التصنيف يقوم على أربع منهجيات تتمثل فيما يلي:

تصنيف يقوم على السمعة (Reputation Ranking), ويتم ذلك من خلال استطلاعات الرأي الموجهة إلى الجمهور, أما التصنيف الثاني فيقوم على تحليل الاقتباس (Citation Analysis), وهي طريقة شائعة للتقييم تقوم على عدد المرات التي يتم اقتباس فقرات من الأوراق والأبحاث العلمية الصادرة, والنوع الثالث من التصنيف يقوم على إنتاجية الكلية (Faculty Productivity), ويعتمد هذا المنهج على عدد الأبحاث والمنشورات العلمية التي تصدر عن كلية خلال فترة زمنية معينة. أما المنهج الرابع فيدعى التصنيف

الإحصائي (Statistical Ranking), ويعتمد هذا المنهج على أرقام وإحصائيات حول معايير محددة من الجامعة, مثل عدد الطلبة, عدد الأساتذة, المساحة, الكتب والمجلات في المكتبة, مساحة الجامعة, منشوراتها ...الخ (Hattendorf,1996).

دراسة جيرالد وآخرون (Gerald et al,), بعنوان "الارتقاء بالقياس: الآمال والمخاطر في مؤشرات الأداء في التعليم العالي":

"Measuring Up: The Promises and Pitfalls of performance indicators in Higher Education" تناولت المرحلة التاريخية التي تمر بها عملية بناء معايير أداء التعليم العالي التي تعتبر, في مرحلة التشكيل, وتبين أن هناك العديد من المفاهيم ذات العلاقة بالمعايير لا زالت بحاجة للإغناء في تعرفها مثل المسؤولية العامة والجودة والإنتاجية (Gerald, et al 1995).

وأجرى ديفيد (David) دراسة بعنوان "التعليم العالي والتخطيط للقرن الحادي والعشرين" هدفت إلى تحديد التسهيلات والاحتياجات للتعليم العالي، وتصميمه لتلبية احتياجات ولاية مينسوتا التربوية في الولايات المتحدة.اعتمدت الدراسة على تحليل إستراتيجيات مقترحة ممكنة لتلبية تلك الاحتياجات، وتقييم الكلفة والمضامين لتلك الإستراتيجية، بهدف تطوير شبكة لسياسة اتخاذ القرارات الموجه نحو التطوير للتعليم العالي في الولاية موضحة تلك الدراسة أن نتائجها ستكون عبارة عن توصيات للتعليم العالي في الولايات الأمريكية الأخرى، وأوصت بضرورة الاهتمام والتركيز على النوعية في التعليم، وبضرورة استخدام التكنولوجيا المتقدمة لأنها تزيد من الاختيارات المتوفرة،

واعتماد إستراتيجية رائدة في مجال العلوم الهندسية والتكنولوجيا، وإعادة النظر والتفكير في البنية الأساسية التي يرتكز عليها النظام التعليمي العالي في الولاية.

ولتحقيق هذه التوصيات طالبت الدراسة بضرورة توفير الإمكانيات التعليمية اللازمة لتلبية التزايد في إعداد الطلبة على التعليم العالي والارتقاء بالبرامج المقدمة للطلبة أكثر كفاءة وفعالية. وإعادة تشكيل هيكلية التعليم العالي لتعزيز الفرص التعليمية. (David, 1992).

خلاصة الدراسات السابقة:

تناولت الدراسات السابقة العربية منها والأجنبية العديد من الموضوعات المتعلقة بتميز مؤسسات التعليم العالي وتصنيفها واستخدامات إدارة الجودة الشاملة فيها، إلا أن غالبية هذه الدراسات تناولت تطبيقات إدارة الجودة الشاملة وضبطها، ولم تتطرق بالتفصيل إلى عمليات تصنيف مؤسسات التعليم العالي وتميزها.

بعض الدراسات تناولت تأثيرات أساليب القيادة في الجامعات ومؤسسات التعليم العالي في تحسين أداء هذه المؤسسات وبعضها الآخر تناول أهمية تطبيق معايير الجودة في تحسين أداء هذه المؤسسات من خلال تكييف معايير الجودة العامة على متطلبات مؤسسات التعليم العالي وأيضا بعض الدراسات بينت تأثير بعض العوامل أو المتغيرات المستقلة على مستوى جودة أداء هذه المؤسسات، وقد تمت الاستفادة من هذه الدراسات في عملية جمع المعلومات لتطوير وبناء المعايير.

وتختلف هذه الدراسة عن الدراسات السابقة في أنها ستقوم بتطوير معايير تميز لمؤسسات التعليم العالي الأردنية وتصنيفها على أساسها وهذه المعايير ستكون الأولى من نوعها في الأردن والمنطقة العربية.

الفصل الثالث

الطريقة والإجراءات

الفصل االثالـث
الطريقة والإجراءات

يتناول هذا الفصل عرضا لإجراءات الدراسة والتي تمثلت بمراحل تطوير معايير التميز للمستوى الجامعي في مؤسسات التعليم العالي في الأردن، والتي كانت كالآتي:

مراحل تطوير المعايير

انتهجت عملية تطوير المعايير منهجا خاصا في الدراسة تمثلت بالمراحل التالية:

المرحلة الأولى: الخلفية النظرية للمعايير:

تمثل الجامعة موضع الصدارة والأولوية بين أدوات الإصلاح والبناء والتطوير باعتبارها المنطلق الأساس الذي يبنى عليه حضارة الأمم وتقدمها, فهي تعد مصنعا للإنسان وبنائه الذي يمثل أهم عنصر من عناصر النمو والتقدم, وهو أساس كل تطوير ونواة كل تقدم وتغيير وبالتالي مواجهة ما تفرضه تحديات الحياة العصرية.

وهي أيضا المكان الذي تتفاعل فيه مدخلات التعليم الجامعي بعملياته وصولا إلى مخرجاته التي يرجى أن تكون بمستويات ومعايير معدة ومحددة مسبقا. والجامعة هي التي تحدد رسالتها وأهدافها وخططها الإستراتيجية وآلياتها التنفيذيبة, وبالتالي وبحكم المنطق والواقع, هي المنطلق لتشكيل نوعية الأداء الجامعي ومستوياته وهي التي تزرع بذور الجودة والتميز, وترعاها لتثمر أو تغفل عنها فتموت أو تنتج ضعيف الثمر.

فتقويم المؤسسة, أو تقويم برامج المؤسسة, يكشف عن مكامن قوتها وضعفها ويبين موقعها بالمقارنة مع المؤسسات أو البرامج الأخرى. لذلك قيل أن تصنيف

الجامعات وجد ليبقى, وأن ما يؤكد الحاجة إلى التصنيف الازدياد المضطرد في عدد السكان, وازدياد أعداد الكليات والجامعات وتنوع أساليب التعليم عن قرب وعن بعد وذلك فضلا عن أننا نعيش في عصر القياس والتقويم والتنافس والانفتاح على العالم.

وفي هذا السياق تمت الإفادة من معايير نماذج التميز العالمية (نموذج مالكوم بالدريج, ونموذج المؤسسة الأوروبية لإدارة الجودة), ومعايير الاعتماد العالمية التي تركز جميعها على ذات الأسس من حيث التركيز على النتائج, والتركيز على المستفيد, وعلى القيادة ذات الرؤية وثبات في الهدف, وإدارة تعتمد على العمليات والحقائق, وتطوير العاملين وتمكينهم, وتطوير الشراكات, والاستمرارية في الابتكار والتحسين.

المرحلة الثانية: المتغيرات التي تبنى على أساسها المعايير:

إن معايير التميز التي تفترض هذه الدراسة تطويرها للمستوى الجامعي في مؤسسات التعليم العالي في الأردن تقوم على ثمانية مجالات رئيسية وهي:

1. **القيادة.**
2. **التخطيط الاستراتيجي.**
3. **التركيز الخارجي.**
4. **المعلومات وتحليله.**
5. **هيئة التدريس / الكادر الوظيفي.**
6. **فعالية العملية.**
7. **النتائج والإنجازات.**
8. **المؤشرات**

المرحلة الثالثة: جمع المعلومات من الأدب النظري والفئة المستهدفة:

وقد تناولت هذه المرحلة وصفا لمجتمع الدراسة وكيفية اختيار العينة والادوات التي استخدمت لتحقيق أهداف الدراسة إضافة إلى وصف لإجراءات تطبيقها وتصميمها والمعالجات الإحصائية التي اتبعت في تحليل البيانات واستخراج النتائج:

مجتمع الدراسة:

تكون مجتمع الدراسة من جميع عمداء الكليات ورؤساء الأقسام الأكاديمية ومدراء الوحدات في الجامعات الأردنية الرسمية والبالغ عددهم (٥٧٣) يعملون في ثمان جامعات.

والجدول رقم (٤): يمثل توزع أفراد مجتمع الدراسة على الجامعات الرسمية

الجامعة	المسمى الوظيفي			المجموع
	عميد الكلية	رئيس قسم أكاديمي	مدير وحدة إدارية	
الجامعة الأردنية	٢٠	٨٧	١٩	١٢٦
جامعة اليرموك	١٣	٤٩	١٨	٨٠
جامعة مؤتة	١٦	٤٣	٢٠	٧٩
جامعة العلوم والتكنولوجيا	١١	٣٣	١٦	٦٠
جامعة آل البيت	١٢	٢٢	١٧	٥١
الجامعة الهاشمية	١٤	٣٧	٢٢	٧٣
جامعة البلقاء التطبيقية	٩	٢٠	٤١	٧٠
جامعة الحسين	٩	١١	١٤	٣٤
المجموع	١٠٤	٣٠٢	١٦٧	٥٧٣

عينة الدراسة:

قامت الباحثة بأخذ عينة عشوائية طبقية تألفت من (٢٣٠) فردا من مجتمع الدراسة وبنسبة (٤٠%) موزعين على ثمان جامعات حكومية.

والجدول رقم (٥) يبين توزع افراد عينة الدراسة حسب متغير الجامعة والمسمى الوظيفي والخبرة:

والجدول رقم (٥): توزع أفراد عينة الدراسة حسب متغير الجامعة والمسمى الوظيفي والخبرة

المتغيرات	العدد	النسبة المئوية
المسمى الوظيفي		
عميد	٥١	٢٢.٢
رئيس القسم الأكاديمي	١١٧	٥٠.٩
مدير الوحدة الإدارية	٦٢	٢٧.٠
المجموع	٢٣٠	١٠٠.٠
الجامعة		
الجامعة الأردنية	٤٣	١٨.٧
اليرموك	٢٠	٨.٧
مؤتة	٣٤	١٤.٨
العلوم والتكنولوجيا	٢٣	١٠.٠
آل البيت	١٥	٦.٥
الهاشمية	٤٣	١٨.٧
البلقاء	٢٣	١٠.٠
الحسين	٢٩	١٢.٦
المجموع	٢٣٠	١٠٠.٠
سنوات الخبرة		
١ - ٥	٤٦	٢٠.٠
٦ - ١٠	٥١	٢٢.٢
١١ - ١٥	٥٦	٢٤.٣
١٦ فما فوق	٧٧	٣٣.٥
المجموع	٢٣٠	١٠٠.٠

أداة الدراسة:

اعتمدت هذه الدراسة على أداة بحثية رئيسة هي الاستبانة وذلك من اجل التوصل إلى تطوير معايير تميز للمستوى الجامعي في مؤسسات التعليم العالي في الأردن، وقد مرت عملية تطوير الاستبانة بعدة مراحل حتى وصلت إلى شكلها النهائي والذي تم اعتماده واستخدامه في هذه الدراسة.

وتتلخص هذه المراحل بالاتي:

1. **بعد أن تم الإطلاع على الأدبيات المتعلقة بمعايير التميز والتي شملت الدراسات السابقة والكتب والمقالات والبحوث تم تطوير الاستبانة لتعكس مشكلة الدراسة وأسئلتها.**
2. **تكونت الاستبانة في صورتها الأولية من جزئين رئيسيين هما:**

الجزء الأول: **البيانات المتعلقة بأفراد العينة من حيث اسم الجامعة والوظيفة وعدد سنوات الخبرة.**

الجزء الثاني: **هدف إلى الحصول على رأي العمداء ورؤساء الأقسام الأكاديمية ومديرو الوحدات بمعايير التميز والتي كان على المستجيبين الإجابة عنها بإحدى العبارات التالية (مناسبة بدرجة كبيرة، مناسبة، مناسبة بدرجة متوسطة، غير مناسبة).**

أعطيت مناسبة بدرجة كبيرة أربعة درجات، ومناسبة ثلاث درجات، ومناسبة بدرجة متوسطة درجتان، وغير مناسبة درجة واحدة.

ولأغراض تحليل البيانات تم تحويل الاستجابات على أداة الدراسة إلى الأعداد من (١-٤) إذا كانت الدرجة أقل من (٢.٢) للوسط الحسابي دالة

على درجة موافقة ضعيفة, والدرجة من (٢.٢-٢.٨) دالة على درجة متوسطة من الموافقة, والدرجة ما فوق (٢.٨) دالة على درجة عالية من الموافقة.

تصميم الاستبانة:

احتوت الاستبانة على المتغيرات التالية:

المتغيرات المستقلة: وشملت:

مجالات التميز: القيادة, التخطيط الإستراتيجي, التركيز الخارجي, المعلومات وتحليلها, هيئة التدريس / الكادر الوظيفي, فعالية العملية, النتائج والإنجازات, المؤشرات.

المتغيرات التابعة: وهي درجة التقدير لهذه المجالات (مناسبة بدرجة كبيرة, مناسبة, مناسبة بدرجة متوسطة, غير مناسبة).

المتغيرات الوسطية:

-الوظيفة: ولها ثلاث مستويات.

-سنوات الخبرة: ولها أربع مستويات.

-الجامعة: وعددها ثمانية.

صدق الأداة:

بعد أن تم تطوير البناء الأولي لأداة الدراسة قامت الباحثة بعرضها على جميع أفراد عينة الدراسة لتحكيمها، ثم استخدم أسلوب التحليل العاملي والمتوسطات، للتحقق من درجة ملاءمة توزيع فقرات الأداة إلى العوامل النظرية الثمانية التي تكونت منها الأداة.

ثبات الأداة:

لاستخراج ثبات الأداة قامت الباحثة بحساب معامل الاتساق الداخلي للاستبانة بواسطة معادلة كرونباخ ألفا، والجدول رقم (٦) يوضح معامل الاتساق الداخلي لمجالات أداة الدراسة:

جدول رقم (٦): معامل الاتساق الداخلي(كرونباخ الفا) لمجالات أداة الدراسة

المجال	الاتساق الداخلي
القيادة	٠.٩٣
التخطيط الاستراتيجي	٠.٩٤
التركيز الخارجي	٠.٩١
المعلومات وتحليلها	٠.٩٦
هيئة التدريس/الكادر الوظيفي	٠.٩٥
فعالية العملية	٠.٩٣
النتائج والإنجازات	٠.٩١
المؤشرات	٠.٩٣

الأساليب الإحصائية المستخدمة:

تم تبويب البيانات و ترميزها وإدخالها إلى الحاسوب باستخدام برنامج الحزمة الاجتماعية وهو من البرامج الإحصائية الخاصة التي تستخدم في تحليل هذا النوع من البيانات التي تم جمعها في هذه الدراسة.

استخدمت الباحثة الوسائل الاحصائيه التالية في الإجابة عن أسئلة الدراسة:

١. للإجابة عن السؤال الأول تم الرجوع إلى الأدب النظري.
٢. للإجابة عن السؤال الثاني تم استخدام المتوسط الحسابي والانحرافات المعيارية لاستجابات العمداء و رؤساء الأقسام و المديرين.

٣. للإجابة عن السؤال الثالث والرابع والخامس تم استخدام تحليل التباين الأحادي.

٤. للإجابة عن السؤال السادس تم استخدام المتوسط الحسابي والانحراف المعياري لاستجابات العمداء و رؤساء الأقسام و المديرين والتحليل العاملي.

المرحلة الرابعة: بناء المعايير

تمثل عملية تطوير المعايير الإجابة عن السؤال الرئيس في الدراسة المتعلق بتطوير معايير تميز للمستوى الجامعي في مؤسسات التعليم العالي في الأردن.

وتتكون مرحلة بناء المعايير من الجوانب التالية:

١. ١الجانب النظري :

ويشمل هذا الجانب مراجعة للأدب التربوي الإداري المتعلق بمفهوم التميز ومعاييره. ويعد القسم الأول من الفصل الثاني في هذه الدراسة المحور الرئيس الذي تم الاعتماد عليه لتغطية هذا الجانب وذلك لتحديد المحاور الرئيسية للمعايير، كما تم الاعتماد على معايير عالمية تم تبنيها من قبل بعض المؤسسات(جائزة مالكولم بالدريج الوطنية للتميز) حيث قاموا بتطوير استبانات عن طريق جمع المعلومات وتوصلوا إلى معايير خاصة في دراساتهم وبعد الإطلاع على هذه الاستبيانات قامت الباحثة بتطوير استبانة الدراسة.

٢. الجانب العملي:

ويشمل هذا الجانب نتائج الدراسة الميدانية إذ تم اعتماد المجالات التي حصلت على أعلى المتوسطات والمجالات الدالة إحصائيا لتكون ضمن المعايير.

وبعد ذلك تم الدمج بين ما ركز عليه الجانب النظري في عملية تطوير المعايير وما أفرزته نتائج الدراسة في جانبها العملي.

المرحلة الخامسة:صدق المعايير

للتحقق من صدق المعايير اعتمدت الباحثة على صدق المحتوى من خلال عرض المعايير على مجتمع الدراسة، والطلب منهم الحكم على درجة مناسبة مضامين الفقرات كمعيار من معايير التميز وحذف أو تعديل أو إضافة أية فقرة من فقرات الاستبانة الملحق رقم (١)، وبناء على آراء وملاحظات المحكمين، قامت الباحثة باعتماد جميع فقرات الاستبانة البالغ عددها (١٠٣) دون أي حذف أو إضافة.

المرحلة السادسة: تقديم المعايير للعمل

وتأسيسا على العديد من نماذج التميز التي نشأت بهدف تحسين الجودة والوصول إلى التميز ، قامت الباحثة بتقديم معايير تميز للمستوى الجامعي في مؤسسات التعليم العالي في الأردن.

والمراحل السابقة تم تمثيلها بالنموذج التالي:

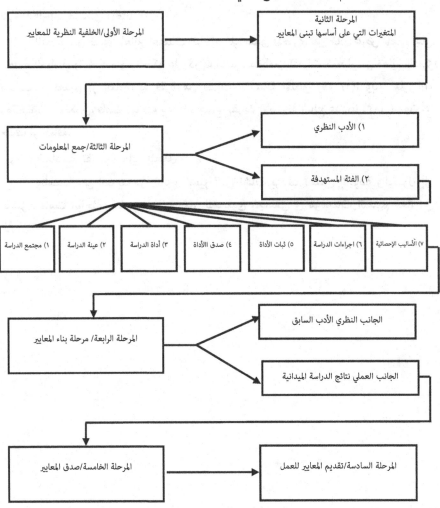

أنموذج رقم(٣): مراحل تطوير المعايير

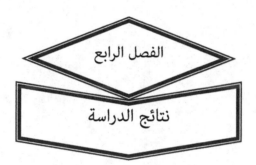

الفصل الرابع

نتائج الدراسة

الفصل الرابع

نتائج الدراسة

هدفت هذه الدراسة إلى تطوير معايير تميز للمستوى الجامعي في مؤسسات التعليم العالي في الأردن وقد أسفرت هذه الدراسة عن نتائج سيتم عرضها وفقا لأسئلة الدراسة، والتي تم الإجابة عنها باستخدام المتوسطات الحسابية والانحرافات المعيارية وتحليل التباين الأحادي. وفي ما يلي عرض لنتائج الدراسة:

السؤال الأول: ما مجالات معايير التميز لمؤسسات التعليم العالي العالمية ؟

للإجابة عن هذا السؤال تمت مراجعة الأدب التربوي المتعلق بمفهوم التميز ومعاييره. إذ تم الاعتماد على مجالات معايير عالمية تم تبنيها من قبل بعض المؤسسات (جائزة مالكولم بالدريج الوطنية للتميز) وهي:القيادة، التخطيط الاستراتيجي، التركيز الخارجي، المعلومات وتحليلها، هيئة التدريس/الكادر الوظيفي، فعالية العمليات، النتائج والانجازات، المؤشرات.

السؤال الثاني: " ما درجة تقدير العمداء ورؤساء الأقسام ومدراء الوحدات لمجالات معايير التميز"؟

للإجابة عن هذا السؤال حسبت المتوسطات الحسابية والانحرافات المعيارية ودرجات الأهمية النسبية لكل مجال من المجالات الثمانية والدرجة الكلية للاستبانه والجدول(٧) يبين هذه النتائج.

جدول رقم (٧):المتوسطات الحسابية والانحرافات المعيارية ودرجات الأهمية النسبية لمجالات الاستبانه والدرجة الكلية

المجالات	المتوسط الحسابي	الانحراف المعياري	الأهمية النسبية
١. القيادة	٣.٠٥	٠.٥٩	٧٦.٢
٢. التخطيط الاستراتيجي	٣.٠١	٠.٦١	٧٥.٢
٣. التركيز الخارجي	٣.٠٤	٠.٥٤	٧٦.١
٤. المعلومات وتحليلها	٢.٨٩	٠.٦٦	٧٢.٢
٥. هيئة التدريس والكادر الوظيفي	٣.٠٣	٠.٦٦	٧٥.٨
٦. فعالية العمليات	٣.٠٩	٠.٦٢	٧٧.٢
٧. النتائج والإنجازات	٢.٩٧	٠.٦٧	٧٤.٢
٨. المؤشرات	٣.٠٥	٠.٥٩	٧٦.٢
الدرجة الكلية	٣.٠١	٠.٥٢	٧٥.٤

بعد دراسة النتيجة أعتبرت درجة تقدير العمداء ورؤساء الأقسام ومدراء الوحدات مرتفعة إذا زاد المتوسط الحسابي للمجال أو الدرجة الكلية عن ٢.٨ (درجة الأهمية = ٧٠) ومتوسطة إذا تراوح بين ٢.٢ و ٢.٨ (درجة الأهمية بين ٥٥ و٧٠) ومتدنية إذا قل عن ٢.٢ (درجة الأهمية = ٥٥). وتبين من خلال المتوسطات الحسابية ودرجات الأهمية النسبية أن درجات تقدير العمداء ورؤساء الأقسام ومدراء الوحدات كانت مرتفعة لجميع المجالات إذ زادت جميع درجات أهميتها عن ٧٠. مما يشير إلى أن العمداء ورؤساء الأقسام ومدراء الوحدات قد أعطوا درجات تقدير مرتفعة لجميع المجالات الثمانية كمعايير من معايير التميز.

كما حسبت المتوسطات الحسابية والانحرافات المعيارية لدرجات تقدير العمداء ورؤساء الأقسام ومدراء الوحدات لكل فقرة من فقرات المجالات المختلفة والجداول التالية من ٨-١٥ تبين هذه النتائج.

أولا: مجال القيادة:

جدول رقم (٨): المتوسطات الحسابية والانحرافات المعيارية ودرجات الأهمية النسبية لمجال القيادة

الفقـرات	المتوسط الحسابي	الانحراف المعياري	الأهمية النسبية
١. التوصيف الواضح لمهمة/العمادة/ القسم/ الوحدة.	٣.٢٤	٠.٧٣	٨١.٠
٢. النظرة المستقبلية المشتركة للرؤى لتحقيق الأهداف.	٣.٠٣	٠.٧٣	٧٥.٨
٣. الوضوح في تعريف الخطط والأهداف.	٣.١٣	٠.٨٠	٧٨.٢
٤. الوضوح في الأولويات الموجودة في العمادة /القسم /الوحدة لدى رئاسة الجامعة.	٣.٠٤	٠.٨٩	٧٦.١
٥. الاتفاق الجماعي للأولويات المطروحة في العمادة/ القسم /الوحدة مع رئاسة الجامعة.	٢.٩٦	٠.٨٢	٧٤.٠
٦. الاهتمام الواضح بالتغذية الراجعة لتحسين الممارسة في العمل.	٢.٩٣	٠.٨٦	٧٣.٣
٧. السرعة في الاستجابة من قبل القيادة للاهتمامات العامة.	٢.٩٠	٠.٨٣	٧٢.٦
٨. دور القيادة الواضح في ربط الجامعة بالمجتمع المحلي.	٣.١٢	٠.٧٦	٧٧.٩
٩. اهتمام القيادة بخطط الجامعة المستقبلية.	٣.٢٩	٠.٧٢	٨٢.٢
١٠.تطوير القيادة للمهام والرؤى.	٣.٠٧	٠.٧٤	٧٦.٨
١١. تطوير القيادة في الجامعة علاقات مبنية على القيم وثقافة التميز.	٢.٩٨	٠.٨٣	٧٤.٥
١٢.مشاركة القيادة في عمليات تحسن وتطوير إدارة الجامعة.	٣.١٢	٠.٧٤	٧٧.٩
١٣. عمليات الاتصال البناء بين القيادة والمستفيدين وممثلي المجتمع المحلي.	٣.٠١	٠.٨٣	٧٥.٢
١٤. استخدام القيادة أساليب التحفيز والتقدير والدعم الإيجابي لأفراد الجامعة.	٢.٨٤	٠.٩٦	٧١.١

تبين من خلال المتوسطات الحسابية والانحرافات المعيارية في الجدول رقم (٨)إن درجات تقدير العمداء ورؤساء الأقسام ومدراء الوحدات لفقرات مجال القادة كانت مرتفعة إذ زادت درجات أهميتها عن ٧١.١ للفقرة ١٤ وكانت أعلى الدرجات أهمية الفقرة ٩" اهتمام لقيادة بخطط الجامعة المستقبلية" إذ بلغت درجة أهميتها ٨٢.٢.

ثانيا: مجال التخطيط الاستراتيجي:

جدول رقم(٩):المتوسطات الحسابية والانحرافات المعيارية ودرجات الأهمية النسبية مجال التخطيط الاستراتيجي

الفقرات	المتوسط الحسابي	الانحراف المعياري	الأهمية النسبية
١. وجود عمليات تخطيط رسمية للعمادة /القسم /الوحدة.	٣.١٣	٠.٧٧	٧٨.٢
٢. ترجمة خطط العمادة /القسم /الوحدة إلى خطوات عمل مكتوبة.	٣.١٠	٠.٨١	٧٧.٤
٣. تمثيل خطط العمادة/القسم /الوحدة للقيم والرؤى الخاصة بالجامعة.	٣.١٢	٠.٦٧	٧٧.٩
٤. احتواء خطط العمادة /القسم /الوحدة على أهداف يمكن قياسها	٣.٠٤	٠.٨٠	٧٦.٠
٥. اشراك الكادر الوظيفي في العمادة /القسم /الوحدة في تطوير وتنفيذ خطط الجامعة.	٢.٩٧	٠.٩٦	٧٤.٣
٦. اتفاق أهداف وخطط العمادة / القسم /الوحدة مع أهداف وخطط المؤسسات والمعاهد الكبرى.	٢.٩٦	٠.٨٣	٧٣.٩
٧. اعتماد التخطيط على احتياجات العمادة / القسم / الوحدة الحاضرة والمستقبلية.	٣.٠٦	٠.٧٨	٧٦.٤
٨. اعتماد الخطط في العمادة /القسم /الوحدة على توقعات المستفيدين من الجامعة.	٢.٨٦	٠.٨٣	٧١.٥
٩. اعتماد الاستراتيجيات في العمادة / القسم / الوحدة على معلومات مرتبطة بالبحث والإبداع والتعلم.	٢.٩٤	٠.٨٦	٧٣.٦
١٠. مراجعة الخطط وتعديلها وتحسينها حسب المطلوب.	٣.١٤	٠.٨٠	٧٨.٥

١١. استفادة خطط واستراتيجيات العمادة /القسم / الوحدة من بيانات قياس الأداء السابقة.	٢.٩٣	٠.٨٣	٧٣.٤
١٢. التنفيذ للخطط والاستراتيجيات في العمادة / القسم /الوحدة من خلال الأنشطة والفعاليات.	٢.٩٦	٠.٧٧	٧٣.٩
١٣. نشر الاستراتيجية من خلال نظام تبادل المعلومات بالجامعة.	٢.٨٠	٠.٨٣	٧٠.١
١٤. اعتماد العمادة/ القسم / الوحدة أسلوب التخطيط لتحقيق أهدافها	٣.٠٩	٠.٧٩	٧٧.٣

تبين من خلال المتوسطات الحسابية والانحرافات المعيارية في الجدول رقم (٩) أن درجات تقدير العمداء ورؤساء الأقسام ومدراء الوحدات لفقرات مجال التخطيط الاستراتيجي كانت مرتفعة إذ زادت درجات أهميتها عن ٧٠.١ للفقرة ١٣ وكانت أعلى الدرجات أهمية الفقرة ١٠ "مراجعة الخطط وتعديلها وتحسينها حسب المطلوب" إذ بلغت درجة أهميتها ٧٨.٥.

ثالثا: مجال التركيز الخارجي:

الجدول رقم(١٠):المتوسطات الحسابية والانحرافات المعيارية ودرجات الأهمية النسبية مجال التركيز الخارجي

الفقرات	المتوسط الحسابي	الانحراف المعياري	الأهمية النسبية
١. لدى (العمادة/القسم/الوحدة) طريقة نظامية لدراسة احتياجات وتوقعات المستفيدين من البرنامج والخدمات الجامعية.	٢.٩٦	٠.٧٧	٧٣.٩
٢. تدرك (العمادة /القسم/الوحدة) الاحتياجات المحددة للمستفيدين من برامجها وخدماتها.	٣.٠٠	٠.٧١	٧٥.٠
٣. تضع (العمادة/القسم/الوحدة) في اعتبارها توقعات وأولويات المستفيدين.	٣.٠٠	٠.٧٥	٧٥.١
٤. هنالك عملية لجمع المعلومات من المجتمع المحلي والمستفيدين وتحليلها	٢.٧٧	٠.٨٦	٦٩.٣
٥. تتم الإفادة من دراسة احتياجات المستفيدين في تحسين وتطوير البرامج والخدمات الجامعية المقدمة لهم.	٢.٨٦	٠.٨٣	٧١.٤
٦. هنالك علامات بناءة ومتبادلة مع المستفيدين من البرامج والخدمات.	٢.٩٤	٠.٧٨	٧٣.٦

٧. تلزم (العمادة/القسم/الوحدة) بتحسين سمعتها لدى المستفيدين من البرامج والخدمات.	٣.٢٠	٠.٦٦	٨٠.١
٨. تقدم (العمادة/القسم/الوحدة) المعلومات الكاملة والدقيقة والواقعية للطلبة والمجتمع المحلي.	٣.١٩	٠.٧٤	٧٩.٨
٩. تصدر الجامعة دليلا شاملا تقدم فيه نفسها بطريقة واضحة وكاملة.	٣.١٧	٠.٧٦	٧٩.٣
١٠. تصدر الجامعة منشورات لتوضيح الجوانب الأكاديمية والإدارية فيها.	٣.٢٤	٠.٧١	٨١.٠
١١. تصدر الجامعة منشورات للتعريف بالهيئة التدريسية والإدارية فيها .	٣.٠٨	٠.٧٩	٧٧.١
١٢. يعتبر رضا الطلبة والمجتمع المحلي من الأولويات المهمة لدى (العمادة/القسم/الوحدة).	٣.٠٩	٠.٨١	٧٧.٣

تبين من خلال المتوسطات الحسابية والانحرافات المعيارية في الجدول رقم (١٠) إن درجات تقدير العمداء ورؤساء الأقسام ومدراء الوحدات لفقرات مجال التركيز الخارجي كانت مرتفعة باستثناء الفقرة ٤ "عمليات جمع المعلومات من المجتمع المحلي والمستفيدين وتحليلها" حيث بلغت درجة الأهمية لهذه الفقرة ٦٩.٣ في حين زادت درجات أهمية بقية الفقرات عن ٧١.٥ للفقرة ٥ وكانت أعلى الدرجات أهمية الفقرة ١٠ "إصدار الجامعة منشورات لتوضيح الجوانب الأكاديمية والإدارية فيها" إذ بلغت درجة أهميتها ٨١.٠.

رابعا: مجال المعلومات وتحليلها:

الجدول رقم(١١):المتوسطات الحسابية والانحرافات المعيارية ودرجات الأهمية النسبية مجال المعلومات وتحليلها

الفقرات	المتوسط الحسابي	الانحراف المعياري	الأهمية النسبية
١. الاعتماد في/العمادة /القسم / الوحدة على أساليب المسح الميداني للحصول على معلومات عن مدى ملاءمة خدماتها للمستفيدين.	٢.٧٩	٠.٩٩	٦٩.٧
٢. وجود معايير محددة لتقييم فعالية برامج العمادة / القسم / الوحدة	٢.٨٧	٠.٨٦	٧١.٧
٣. وجود معايير محددة لتقيم الخدمات والأنشطة التي تقدمها العمادة / القسم/الوحدة.	٢.٨٤	٠.٨٧	٧١.٠

٤. الاتفاق المشترك والواضح حول المعايير المستخدمة لتقييم فعالية العمادة /القسم/الوحدة.	٢.٨١	٠.٨٦	٧٠.٢
٥. استخدام الأساليب الفعالة لدى العمادة/ القسم/ الوحدة لجمع المعلومات حول تحقيق النتائج والإنجازات.	٢.٨٦	٠.٨٣	٧١.٦
٦. وجود الأساليب العلمية لدى العمادة / القسم /الوحدة لمعرفة التقدم نحو الأهداف قصيرة وطويلة المدى.	٢.٩٤	٠.٧٩	٧٣.٥
٧. الإستفادة من المعلومات التي تم جمعها في تحليل ومراجعة الأداء	٢.٩٤	٠.٨٤	٧٣.٥
٨. ا لاستخدام الامثل للمعلومات لتحسين الخطط المستقبلية للعمادة / القسم / الوحدة.	٣.٠٧	٠.٧٩	٧٦.٦
٩. الإستفادة من المعلومات في توجيه الأهداف والرؤى المستقبلية للعمادة / القسم / الوحدة.	٣.١٠	٠.٧٢	٧٧.٥
١٠. وجود عمليات تبادل للمعلومات مع مؤسسات تعليم عالي أخرى لتقييم التقدم .	٢.٨٨	٠.٨٧	٧٢.٠
١١. وجود نظام إعلام داخلي لتعريف الكادر الوظيفي بالمعلومات الخاصة بالعمادة / القسم /الوحدة.	٢.٧٨	٠.٩٠	٦٩.٥
١٢. الإستفادة من النظام الإعلامي الداخلي لتعريف الكادر الوظيفي بالمهام والمسؤوليات المنوطة بهم .	٢.٨١	٠.٩٣	٧٠.٢
١٣. التقييم لاستراتيجية العمل في العمادة /القسم / الوحدة بالاعتماد على المعلومات المتوافرة.	٢.٩١	٠.٧٩	٧٢.٨
١٤. بناء نظام معلومات في العمادة / القسم / الوحدة خاص بالمستفيدين لجمع المعلومات الشخصية عنهم.	٢.٨٧	٠.٨٥	٧١.٦
١٥. وجود نظام معلوماتي في العمادة / القسم / الوحدة يفيد الطلبة والمستفيدين لتقديم رغباتهم وشكاويهم ومستوى رضاهم.	٢.٨٠	٠.٨٧	٧٠.١
١٦. معالجة العمادة / القسم / الوحدة لشكاوى وملاحظات الطلبة والمستفيدين بإعطائها الأولوية في المناقشات المتعلقة بالجودة.	٢.٩٧	٠.٧٨	٧٤.٣

تبين من خلال المتوسطات الحسابية والانحرافات المعيارية في الجدول رقم(١١) إن درجات تقدير العمداء ورؤساء الأقسام ومدراء الوحدات لفقرات مجال المعلومات وتحليلها كانت مرتفعة باستثناء الفقرتين ١ و ١١ إذ بلغت درجة أهميتها ٦٩.٧ و٦٩.٥، وزادت درجات الأهمية لبقية الفقرات عن ٧٠.١ للفقرة ١٥ وكانت أعلى الدرجات أهمية الفقرة ٩ "الاستفادة من المعلومات في توجيه الأهداف والرؤى المستقبلية للعمادة / القسم / الوحدة " إذ بلغت درجة أهميتها ٧٧.٥ .

خامسا: مجال هيئة التدريس / الكادر الوظيفي:

جدول رقم (١٢):المتوسطات الحسابية والانحرافات المعيارية ودرجات الأهمية النسبية مجال هيئة التدريس / الكادر الوظيفي

الفقرات	المتوسط الحسابي	الانحراف المعياري	الأهمية النسبية
١. إتاحة العمادة / القسم / الوحدة الفرصة لأعضاء هيئة التدريس / الكادر الوظيفي لتطوير إمكانياتهم وقدراتهم.	٣.٢٥	٠.٧٣	٨١.٣
٢. إعطاء العمادة/ القسم /الوحدة الفرصة لأعضاء هيئة التدريس / الكادر الوظيفي للمساهمة بفعالية في نشاطاتها وفعالياتها.	٣.٢١	٠.٧٣	٨٠.٢
٣. تشجع العمادة / القسم / الوحدة التميز والتطور المهني للعاملين فيها.	٣.٢٠	٠.٨١	٨٠.١
٤. وجود طرائق فعالة في العمادة / القسم / الوحدة لتقييم المساهمات الفردية والجماعية وتمييزها.	٣.٠١	٠.٨٧	٧٥.٢
٥. وجود نظام في العمادة /القسم / الوحدة لتقييم مناخ العمل ورضا أعضاء هيئة التدريس/ الكادر الوظيفي.	٢.٩٣	٠.٩١	٧٣.٤
٦. توفر العمادة / القسم / الوحدة لوائح وتعليمات لتوضيح مسؤولية وواجبات أعضاء هيئة التدريس/ الكادر الوظيفي.	٣.١٩	٠.٧٨	٧٩.٨
٧. دعم الجامعة الحريات الأكاديمية لأعضاء هيئة التدريس.	٣.٠٧	٠.٨١	٧٦.٨

٨.	التخطيط لإدارة وتحسين موارد أعضاء هيئة التدريس/ الكادر الوظيفي.	٢.٩٩	٠.٨٧	٧٤.٨
٩.	تطوير ودعم العمادة / القسم / الوحدة لمعرفة وكفاءات هيئة التدريس /الكادر الوظيفي.	٣.٠٣	٠.٨٠	٧٥.٩
١٠.	ممارسة العمادة / القسم / الوحدة لأسلوب التفويض والمشاركة لأعضاء هيئة التدريس/ الكادر الوظيفي.	٢.٩٨	٠.٨١	٧٤.٦
١١.	إتاحة العمادة / القسم / الوحدة لفرص التواصل بينها وبين أعضاء هيئة التدريس/الكادر الوظيفي.	٣.١٧	٠.٧٥	٧٩.٣
١٢.	وجود نظام للمكافآت والحوافز التشجيعية لأعضاء هيئة التدريس/ الكادر الوظيفي.	٢.٧٩	١.٠٢	٦٩.٧
١٣.	وجود هيئة في العمادة / القسم / الوحدة من مهنيين مؤهلين لتنظيم وتطوير ومراقبة برامج المؤسسة التعليمية والبحثية والخدمية.	٢.٨١	٠.٩٤	٧٠.٢
١٤.	وجود هيئة في العمادة / القسم / الوحدة لتنظيم ومراقبة البرامج والخدمات التعليمية المقدمة للطلبة.	٢.٨٢	٠.٩٥	٧٠.٤
١٥.	وجود هيئة في العمادة / القسم / الوحدة لدعم البحث العلمي وتطويره.	٣.٠١	٠.٩٣	٧٥.٢

تبين من خلال المتوسطات الحسابية والانحرافات المعيارية في الجدول رقم (١٢) إن درجات تقدير العمداء ورؤساء الأقسام ومدراء الوحدات لفقرات مجال هيئة التدريس/الكادر الوظيفي كانت مرتفعة باستثناء الفقرة ١٢ " وجود نظام للمكافآت والحوافز التشجيعية " إذ بلغت درجة الأهمية لهذه الفقرة ٦٩.٧ في حين زادت درجات أهمية بقية الفقرات عن ٧٠.٤ للفقرة ١٤ وكانت أعلى الدرجات أهمية الفقرة ١ "إتاحة العمادة /القسم/الوحدة الفرصة لأعضاء هيئة التدريس/الكادر الوظيفي لتطوير إمكانياتهم وقدراتهم " إذ بلغت درجة أهميتها ٨١.٣.

سادسا: مجال فعالية العمليات:

الجدول رقم (١٣): المتوسطات الحسابية والانحرافات المعيارية ودرجات الأهمية النسبية مجال فعالية العمليات

الفقرات	المتوسط الحسابي	الانحراف المعياري	الأهمية النسبية
١. محافظة (العمادة/القسم/الوحدة) على معايير متميزة في برامجها وخدماتها.	٣.١٣	٠.٧٤	٧٨.٢
٢. التميز بإجراءات عمل في (العمادة/القسم/الوحدة) كفوءة وفعالة.	٣.٠٣	٠.٨٠	٧٥.٩
٣. التوثيق الجيد لإجراءات العمل في العمادة /القسم /الوحدة.	٣.١٨	٠.٧٤	٧٩.٥
٤. إتباع الإجراءات الموثقة والمعيارية باستمرار في العمل.	٣.١٧	٠.٧٧	٧٩.١
٥. المواصفات المعيارية الجيدة لإنجاز العمل في (العمادة/القسم/الوحدة).	٣.٠٩	٠.٧٨	٧٧.٣
٦. المراجعة المنتظمة لإجراءات العمل وتحسينها .	٣.٠٧	٠.٧٨	٧٦.٨
٧. اهتمام (العمادة/القسم/الوحدة) بالاستفادة من الأفكار الإبداعية والتجديدية لتحسين إجراءات العمل.	٣.١٣	٠.٧٤	٧٨.٤
٨. التحسين المستمر في (العمادة/القسم/الوحدة) لإجراءات العمل لإرضاء وتوليد القيمة المضافة للطلبة والمستفيدين.	٣.١٤	٠.٧٧	٧٨.٦
٩. تصميم إجراءات العمل والخدمات المقدمة وفق احتياجات الأفراد والمستفيدين منها وتوقعاتهم .	٣.٠٠	٠.٧٦	٧٥.١
١٠. وجود هيئة في (العمادة/القسم/الوحدة) لإدارة وتعزيز العلاقات مع الطلبة والمجتمع المحلي.	٢.٩١	٠.٩٠	٧٢.٧

تبين من خلال المتوسطات الحسابية والانحرافات المعيارية في الجدول رقم(١٣) إن درجات تقدير العمداء ورؤساء الأقسام ومدراء الوحدات لفقرات مجال فعالية العمليات كانت مرتفعة إذ زادت درجات أهميتها عن ٧٢.٧ للفقرة ١٠ وكانت أعلى الدرجات أهمية الفقرة ٣ "اهتمام لقيادة بخطط الجامعة المستقبلية" إذ بلغت درجة أهميتها ٧٩.٥.

سابعا: مجال النتائج والإنجازات:

الجدول رقم (١٤):المتوسطات الحسابية والانحرافات المعيارية ودرجات الأهمية النسبية مجال النتائج والإنجازات

الفقرات	المتوسط الحسابي	الانحراف المعياري	الأهمية النسبية
١. وجود الوثائق الموضوعية في (العمادة / القسم/ الوحدة) التي تشير إلى النجاح في تحقيق الرؤى والأهداف.	٢.٩٧	٠.٨٣	٧٤.٢
٢. وجود نظام لدى(العمادة / القسم/ الوحدة) لتقرير النتائج المرتبطة بالمهام والخطط التي تم تحقيقها.	٢.٩٠	٠.٨٢	٧٢.٥
٣. البرامج والخدمات المقدمة من (العمادة / القسم/ الوحدة) تتميز برضا الطلبة والمستفيدين.	٢.٩٣	٠.٧٣	٧٣.٤
٤. الإدراك من قبل الطلبة والمستفيدين بانسجام البرامج والخدمات المقدمة من (العمادة / القسم/ الوحدة) مع احتياجاتهم وتوقعاتهم.	٣.٠٢	٠.٧٦	٧٥.٤
٥. المناخ التنظيمي الإيجابي في (العمادة / القسم/ الوحدة) الذي يحظى برضا أعضاء هيئة التدريس/الكادر الوظيفي.	٣.٠٥	٠.٧٦	٧٦.٣
٦. مقارنة نتائج (العمادة / القسم/ الوحدة) مع نتائج جامعات أخرى على نحو إيجابي.	٢.٩٤	٠.٨٧	٧٣.٥

تبين من خلال المتوسطات الحسابية والانحرافات المعيارية في الجدول رقم(١٤) إن درجات تقدير العمداء ورؤساء الأقسام ومدراء الوحدات لفقرات مجال النتائج والإنجازات كانت مرتفعة حيث زادت درجات أهميتها عن ٧٢.٥ للفقرة ٢ وكانت أعلى الدرجات أهمية الفقرة ٥ "البرامج والخدمات المقدمة من العمادة/القسم/الوحدة تتميز برضا الطلبة والمستفيدين" إذ بلغت درجة أهميتها ٧٦.٣ .

ثامنا: مجال المؤشرات:

الجدول رقم (١٥): المتوسطات الحسابية والانحرافات المعيارية ودرجات الأهمية النسبية مجال المؤشرات

الفقرات	المتوسط الحسابي	الانحراف المعياري	الأهمية النسبية
١. نسبة عدد الطلبة لكل عضو هيئة تدريس	٢.٨٨	١.٠١	٧٢.١
٢. مؤهلات أعضاء هيئة التدريس المتخصصة	٣.٢٧	٠.٧٩	٨١.٨
٣. تفرغ أعضاء هيئة التدريس	٣.١٧	٠.٨٠	٧٩.١
٤. نسبة أعضاء هيئة التدريس من حملة الدكتوراة إلى عدد البرامج التي تعطي شهادة بكالوريوس	٣.١٧	٠.٧٩	٧٩.١
٥. نسبة غير المتفرغين من أعضاء هيئة التدريس إلى المتفرغين	٣.١١	٠.٨٢	٧٧.٧
٦. العبء التدريسي لأعضاء هيئة التدريس	٣.١١	٠.٨٤	٧٧.٧
٧. عدد البرامج التي تقدمها الجامعة	٣.١٥	٠.٧٣	٧٨.٧
٨. نسبة مجموع أجهزة الحاسوب المتوفرة لاستعمال الطلبة إلى العدد الكلي للطلبة.	٣.٠٧	٠.٨٧	٧٦.٧
٩. نسبة الطلبة الجدد إلى المتوقع تخرجهم في نفس العام.	٣.٠٧	٠.٧٦	٧٦.٨
١٠. نسبة الناتج البحثي المحكم إلى المتفرغين من حملة الدكتوراة خلال سنة.	٢.٨٣	٠.٩٤	٧٠.٨
١١. عدد المجلات العلمية المتوفرة نسبة إلى عدد الطلبة.	٢.٧٧	٠.٩٩	٦٩.٢
١٢. علاقة الجامعة مع مؤسسات تعليم عالمية.	٣.٠٥	٠.٨٣	٧٦.٣
١٣. معدل الإنفاق على الطلبة	٢.٩٢	٠.٩٢	٧٢.٩
١٤. معدل الإنفاق على البحوث	٢.٨٧	٠.٩٧	٧١.٦
١٥. السمعة الأكاديمية للجامعة	٣.٣٦	٠.٦٧	٨٤.٠
١٦. معدل الإنفاق على التسهيلات	٢.٩٩	٠.٨٠	٧٤.٨

تبين من خلال المتوسطات الحسابية والانحرافات المعيارية في الجدول رقم (١٥) إن درجات تقدير العمداء ورؤساء الأقسام ومدراء الوحدات لفقرات مجال المؤشرات كانت مرتفعة باستثناء الفقرة ١١ " عدد المجلات العلمية المتوفرة نسبة إلى عدد الطلبة" حيث بلغت درجة الأهمية لهذه الفقرة ٦٩.٢ في حين زادت درجات أهمية بقية الفقرات عن ٧٠.٨ للفقرة ١٠ وكانت أعلى الدرجات أهمية الفقرة ١٥ "السمعة الأكاديمية للجامعة" إذ بلغت درجة أهميتها ٨٤.٠.

السؤال الثالث: "هل توجد فروق ذات دلالة إحصائية في درجات تقدير العمداء ورؤساء الأقسام ومدراء الوحدات لمجالات معايير التميز حسب الجامعة" ؟

للإجابة عن هذا السؤال تم استخدام المتوسطات الحسابية والانحرافات المعيارية لدرجات تقدير العمداء ورؤساء الأقسام ومدراء الوحدات لمعايير التميز حسب الجامعة، والجدول رقم (١٦) يبين هذه المتوسطات.

جدول رقم (١٦):المتوسطات الحسابية والانحرافات المعيارية لمجالات الاستبانة حسب الجامعة

المجالات		الأردنية	اليرموك	مؤتة	العلوم والتكنولوجيا	آل البيت	الهاشمية	البلقاء	الحسين
القيادة	المتوسط الحسابي	٣.٢٣	٣.٣١	٣	٢.٩٢	٢.٨٥	٢.٩٤	٢.٩	٣.١٧
	الانحراف المعياري	٠.٥٥	٠.٦١	٠.٧	٠.٥٥	٠.٤٤	٠.٦	٠.٦	٠.٥١
التخطيط الاستراتيجي	المتوسط الحسابي	٣.١٤	٣.١٥	٣.١	٢.٧٦	٢.٨٨	٢.٨٤	٣	٣.١
	الانحراف المعياري	٠.٥	٠.٥٦	٠.٥	٠.٧٦	٠.٥٩	٠.٧٣	٠.٦	٠.٤٩
التركيز الخارجي	المتوسط الحسابي	٣.٢١	٣.١٢	٣	٢.٩٧	٢.٩٢	٢.٨٩	٣	٣.١١
	الانحراف المعياري	٠.٥	٠.٤١	٠.٦	٠.٤٩	٠.٧١	٠.٦٣	٠.٥	٠.٤٦
المعلومات وتحليلها	المتوسط الحسابي	٣.٠٩	٢.٩٣	٢.٩	٢.٦٥	٢.٨٨	٢.٧٨	٢.٩	٢.٨٦
	الانحراف المعياري	٠.٥٦	٠.٤٧	٠.٨	٠.٧٧	٠.٦٧	٠.٧٢	٠.٥	٠.٦٣
هيئة التدريس	المتوسط الحسابي	٣.٢٢	٣.٢٢	٣	٢.٧١	٣.١	٢.٩	٣.١	٣.٠٣
	الانحراف المعياري	٠.٦٤	٠.٦٥	٠.٦	٠.٧٢	٠.٧٥	٠.٦٨	٠.٦	٠.٥٩
فعالية العمليات	المتوسط الحسابي	٣.١٦	٣.٠٤	٣.١	٢.٩٣	٢.٩٤	٣.٠٣	٣.٢	٣.١١
	الانحراف المعياري	٠.٥٢	٠.٦١	٠.٦	٠.٧٩	٠.٥٧	٠.٧٢	٠.٥	٠.٦٢
النتائج والإنجازات	المتوسط الحسابي	٣.٠٧	٣.١	٣	٢.٧٥	٢.٧٩	٢.٨٤	٣.١	٣.٠١
	الانحراف المعياري	٠.٦٨	٠.٦٣	٠.٦	٠.٧٤	٠.٦٢	٠.٧٢	٠.٦	٠.٦٨

المؤشرات	المتوسط الحسابي	٣.١٩	٣.٢٩	٣.١	٢.٩٨	٢.٨٢	٢.٩٣	٣.١	٢.٩٤
	الانحراف المعياري	٠.٦٨	٠.٦١	٠.٦	٠.٣٩	٠.٤٤	٠.٦٨	٠.٥	٠.٥٢
الدرجة الكلية	المتوسط الحسابي	٣.١٧	٣.١٥	٣	٢.٨٣	٢.٩	٢.٨٩	٣	٣.٠٣
	الانحراف المعياري	٠.٤٩	٠.٤٦	٠.٥	٠.٥٨	٠.٤٧	٠.٦٢	٠.٥	٠.٤٥

يتبين من خلال المتوسطات السابقة لمعايير التميز في الجامعات المختلفة ان هناك فروقا ظاهرية في درجات تقدير العمداء ورؤساء الأقسام ومدراء الوحدات لهذه المعايير حسب الجامعة التي ينتمون لها، ولفحص دلالة هذه الفروق استخدم تحليل التباين الأحادي، والجدول رقم(١٧) يبين هذه النتائج.

جدول رقم(١٧):تحليل التباين الأحادي لإيجاد دلالة الفروق في درجات المجالات والدرجة الكلية حسب الجامعة

المجالات		مجموع المربعات	درجات الحرية	متوسط المربعات	قيمة ف	مستوى الدلالة
القيادة	بين المجموعات	٥.٦٣	٧	٠.٨٠	٢.٣٨	٠.٠٢٣
	الخطأ	٧٥.٢١	٢٢٢	٠.٣٤	-	-
	المجموع	٨٠.٨٤	٢٢٩	-	-	-
التخطـــــيط الاستراتيجي	بين المجموعات	٤.٦٦	٧	٠.٦٧	١.٨٢	٠.٠٨٤
	الخطأ	٨١.١٢	٢٢٢	٠.٣٧	-	-
	المجموع	٨٥.٧٩	٢٢٩	-	-	-
التركيز الخارجي	بين المجموعات	٢.٧٥	٧	٠.٣٩	١.٣٥	٠.٢٢٩
	الخطأ	٦٤.٦٦	٢٢٢	٠.٢٩	-	-
	المجموع	٦٧.٤١	٢٢٩	-	-	-

المعلومات وتحليلها	بين المجموعات	٣.٦١	٧	٠.٥٢	١.٢١	٠.٣٠٠
	الخطأ	٩٤.٨٦	٢٢٢	٠.٤٣	-	-
	المجموع	٩٨.٤٧	٢٢٩	-	-	-
هيئة التدريس والكادر الوظيفي	بين المجموعات	٥.٥٢	٧	٠.٧٩	١.٨٦	٠.٠٧٨
	الخطأ	٩٤.٤٤	٢٢٢	٠.٤٣	-	-
	المجموع	٩٩.٩٧	٢٢٩	-	-	-
فعالية العمليات	بين المجموعات	١.٩٣	٧	٠.٢٨	٠.٧٢	٠.٦٥٨
	الخطأ	٨٥.٣٣	٢٢٢	٠.٣٨	-	-
	المجموع	٨٧.٢٦	٢٢٩	-	-	-
النتائج والإنجازات	بين المجموعات	٣.٧٧	٧	٠.٥٤	١.٢٢	٠.٢٩٠
	الخطأ	٩٧.٦٥	٢٢٢	٠.٤٤	-	-
	المجموع	١٠١.٤٢	٢٢٩	-	-	-
المؤشرات	بين المجموعات	٣.٩٢	٧	٠.٥٦	١.٦٣	٠.١٢٨
	الخطأ	٧٦.٢٧	٢٢٢	٠.٣٤	-	-
	المجموع	٨٠.١٨	٢٢٩	-	-	-
الدرجة الكلية	بين المجموعات	٣.٠١	٧	٠.٤٣	١.٥٩	٠.١٤٠
	الخطأ	٦٠.٠٣	٢٢٢	٠.٢٧	-	-
	المجموع	٦٣.٠٤	٢٢٩	-	-	-

يتبين من خلال نتائج تحليل التباين الأحادي لفحص الفروق في درجات تقدير العمداء ورؤساء الأقسام ومدراء الوحدات لمعايير التميز حسب الجامعة التي ينتمون لها، انه لا توجد فروق ذات دلاله إحصائية في

الدرجة الكلية لتقدير العمداء ورؤساء الأقسام ومدراء الوحدات حسب الجامعة، وعند فحص الفروق في المجالات المختلفة تبين انه لا توجد فروق ذات دلاله إحصائية في معظم المجالات باستثناء مجال القيادة، اذ تبين وجود فروق ذات دلاله إحصائية عند مستوى ٠.٠٥ فقد بلغت قيم ف ٢.٣٨، وبين اختبار LSD للمقارنات البعديه(ملحق ٣) إن مصدر هذا الفرق كان بين درجات تقدير العمداء ورؤساء الأقسام ومدراء الوحدات لمعايير التميز في مجال القيادة في الجامعتين الأردنية واليرموك من جهة وبين تقديرات العمداء ورؤساء الأقسام ومدراء الوحدات في الجامعات (العلوم والتكنولوجيا والهاشمية وال البيت والبلقاء) من جهة أخرى لصالح الجامعتين الأردنية واليرموك ، كما اظهر اختبار LSD للمقارنات البعديه وجود فروق ذات دلاله إحصائية في درجة تقدير العمداء ورؤساء الأقسام ومدراء الوحدات في جامعة اليرموك والعمداء ورؤساء الأقسام ومدراء الوحدات في جامعة مؤتة لصالح جامعة اليرموك.

السؤال الرابع: "هل توجد فروق ذات دلالة إحصائية في درجات تقدير العمداء ورؤساء الأقسام ومدراء الوحدات لمجالات معايير التميز حسب المسمى الوظيفي"؟

تم حساب المتوسطات الحسابية والانحرافات المعيارية لدرجات تقدير العمداء ورؤساء الأقسام ومدراء الوحدات لمعايير التميز حسب المسمى الوظيفي، والجدول رقم (١٨) يبين هذه المتوسطات.

الجدول رقم (١٨): المتوسطات الحسابية والانحرافات المعيارية لمجالات الاستبانة حسب المسمى الوظيفي

المجالات	عميد		رئيس القسم الأكاديمي		مدير الوحدة الإدارية	
	المتوسط الحسابي	الانحراف المعياري	المتوسط الحسابي	الانحراف المعياري	المتوسط الحسابي	الانحراف المعياري
القيادة	٣.١١	٠.٥٧	٢.٩٩	٠.٦١	٣.١	٠.٥٩
التخطيط الاستراتيجي	٣.١٣	٠.٦٨	٢.٩٩	٠.٥٧	٢.٩	٠.٦٣
التركيز الخارجي	٣.٠٧	٠.٥٨	٣.٠٢	٠.٥٥	٣.١	٠.٥١
المعلومات وتحليلها	٣.٠٥	٠.٧٢	٢.٨٦	٠.٦٢	٢.٨	٠.٦٥
هيئة التدريس والكادر الوظيفي	٣.١٢	٠.٦٢	٣.٠٥	٠.٦٦	٢.٩	٠.٦٩
فعالية العمليات	٣.٢٥	٠.٦٢	٣.٠٢	٠.٦	٣.١	٠.٦٣
النتائج والإنجازات	٣.١	٠.٦٤	٢.٩٢	٠.٦٨	٣	٠.٦٥
المؤشرات	٣.٠٩	٠.٥٤	٢.٩٩	٠.٦٢	٣.١	٠.٥٧
الدرجة الكلية	٣.١١	٠.٥٤	٢.٩٨	٠.٥٢	٣	٠.٥٢

يتبين من خلال المتوسطات السابقة لمعايير التميز حسب نوع الوظيفة أن هناك فروقا ظاهرية في درجات تقدير العمداء ورؤساء الأقسام ومدراء الوحدات حسب المسمى الوظيفي

ولفحص دلالة هذه الفروق استخدم تحليل التباين الأحادي، والجدول رقم (١٩) يبين نتائج تحليل التباين الأحادي حسب المسمى الوظيفي.

الجدول رقم (١٩): تحليل التباين الأحادي لايجاد دلالة الفروق في درجات المجالات والدرجة الكلية حسب المسمى الوظيفي

المجالات		مجموع المربعات	درجات الحرية	متوسط المربعات	قيمة ف	مستوى الدلالة
القيادة	بين المجموعات	٠.٧٦	٢	٠.٣٨	١.٠٧	٠.٣٤٥
	الخطأ	٨٠.٠٨	٢٢٧	٠.٣٥	-	-
	المجموع	٨٠.٨٤	٢٢٩	-	-	-
التخطيط الاستراتيجي	بين المجموعات	١.١٠	٢	٠.٥٥	١.٤٧	٠.٢٣١
	الخطأ	٨٤.٦٩	٢٢٧	٠.٣٧	-	-
	المجموع	٨٥.٧٩	٢٢٩	-	-	-
التركيز الخارجي	بين المجموعات	٠.١٤	٢	٠.٠٧	٠.٢٣	٠.٧٩٥
	الخطأ	٦٧.٢٨	٢٢٧	٠.٣٠	-	-
	المجموع	٦٧.٤١	٢٢٩	-	-	-
المعلومات وتحليلها	بين المجموعات	١.٦٨	٢	٠.٨٤	١.٩٧	٠.١٤٢
	الخطأ	٩٦.٧٩	٢٢٧	٠.٤٣	-	-
	المجموع	٩٨.٤٧	٢٢٩	-	-	-
هيئة التدريس والكادر الوظيفي	بين المجموعات	٠.٩٩	٢	٠.٤٩	١.١٣	٠.٣٢٤
	الخطأ	٩٨.٩٨	٢٢٧	٠.٤٤	-	-
	المجموع	٩٩.٩٧	٢٢٩	-	-	-

فعاليـــــة العمليات	بين المجموعات	١.٩٠	٢	٠.٩٥	2.53	٠.٠٨٢
	الخطأ	٨٥.٣٦	٢٢٧	٠.٣٨	-	-
	المجموع	٨٧.٢٦	٢٢٩	-	-	-
النتـــــائج والإنجازات	بين المجموعات	١.٢٥	٢	٠.٦٣	١.٤٢	٠.٢٤٤
	الخطأ	١٠٠.١٧	٢٢٧	٠.٤٤	-	-
	المجموع	١٠١.٤٢	٢٢٩	-	-	-
المؤشرات	بين المجموعات	٠.٧٢	٢	٠.٣٦	١.٠٢	٠.٣٦١
	الخطأ	٧٩.٤٧	٢٢٧	٠.٣٥	-	-
	المجموع	٨٠.١٨	٢٢٩	-	-	-
الدرجـــــة الكلية	بين المجموعات	٠.٦٢	٢	٠.٣١	١.١٢	٠.٣٢٩
	الخطأ	٦٢.٤٢	٢٢٧	٠.٢٨	-	-
	المجموع	٦٣.٠٤	٢٢٩	-	-	-

تبين من خلال نتائج تحليل التباين الأحادي لفحص الفروق في درجات تقدير العمداء ورؤساء الأقسام ومدراء الوحدات لمعايير التميز حسب نوع الوظيفة، انه لا توجد فروق ذات دلالة إحصائية في الدرجة الكلية لتقدير العمداء ورؤساء الأقسام ومدراء الوحدات حسب نوع الوظيفة، وعند فحص الفروق في المجالات المختلفة تبين انه أيضا لا توجد فروق ذات دلاله إحصائية في جميع المجالات.

السؤال الخامس "هل توجد فروق ذات دلالة إحصائية في درجات تقدير العمداء ورؤساء الأقسام ومدراء الوحدات لمجالات معايير التميز حسب سنوات الخبرة"؟

تم حساب المتوسطات الحسابية والانحرافات المعيارية لدرجات تقدير العمداء ورساء الأقسام ومدراء الوحدات لمعايير التميز حسب سنوات الخبرة، والجدول رقم(٢٠) يبين هذه المتوسطات.

الجدول رقم (٢٠): المتوسطات الحسابية والانحرافات المعيارية لمجالات الاستبانة حسب سنوات الخبرة

	١-٥ سنوات		٦-١٠ سنوات		١١-15 سنة		١٦ سنة فما فوق	
المجالات	المتوسط الحسابي	الانحراف المعياري	المتوسط الحسابي	الانحراف المعياري	المتوسط الحسابي	الانحراف المعياري	المتوسط الحسابي	الانحراف المعياري
القيادة	٢.٩٥	٠.٥٦	٢.٩٨	٠.٥٩	٣.٢	٠.٥١	٣.٠٥	٠.٦٦
التخطيط الاستراتيجي	٢.٨	٠.٥٧	٢.٩٨	٠.٦٦	٣.١	٠.٥٣	٣.٠٨	٠.٦٤
التركيز الخارجي	٢.٩	٠.٥١	٢.٩٨	٠.٥٦	٣.١	٠.٤٩	٣.١٣	٠.٥٧
المعلومات وتحليلها	٢.٧	٠.٦٣	٢.٨٦	٠.٧١	٣	٠.٥٦	٢.٩٥	٠.٦٩
هيئة التدريس والكادر الوظيفي	٢.٩	٠.٦٨	٢.٩٨	٠.٧٣	٣.٢	٠.٦٣	٣.٠٥	٠.٦٣
فعالية العمليات	٢.٨٩	٠.٥٤	٣.٠٤	٠.٦٩	٣.٢	٠.٥٥	٣.١٦	٠.٦٤
النتائج والإنجازات	٢.٧٥	٠.٦٢	٢.٩٥	٠.٦٥	٣.١	٠.٦١	٣.٠٢	٠.٧١
المؤشرات	٢.٨٦	٠.٥٧	٣.٠٨	٠.٦٤	٣.١	٠.٥	٣.٠٩	٠.٦٢
الدرجة الكلية	٢.٨٥	٠.٤٩	٢.٩٨	٠.٥٦	٣.١	٠.٤٣	٣.٠٦	٠.٥٦

يتبين من خلال المتوسطات السابقة لمعايير التميز حسب الخبرة أن هناك فروقا ظاهرية في درجات تقدير العمداء ورؤساء الأقسام ومدراء الوحدات حسب خبراتهم، ولفحص دلالة هذه الفروق استخدم تحليل التباين الأحادي، والجدول رقم (٢١) يبين هذه النتائج.

الجدول رقم (٢١): تحليل التباين الأحادي لايجاد دلالة الفروق في درجات المجالات والدرجة الكلية حسب سنوات الخبرة

مستوى الدلالة	قيمة ف	متوسط المربعات	درجات الحرية	مجموع المربعات		المجالات
٠.٢١٦	١.٥٠	٠.٥٣	٣	١.٥٨	بين المجموعات	القيادة
-	-	٠.٣٥	٢٢٦	٧٩.٢٦	الخطأ	
-	-	-	٢٢٩	٨٠.٨٤	المجموع	
٠.٠٤٦	٢.٧٠	٠.٩٩	٣	٢.٩٧	بين المجموعات	التخطيط الاستراتيجي
-	-	٠.٣٧	٢٢٦	٨٢.٨١	الخطأ	
-	-	-	٢٢٩	٨٥.٧٩	المجموع	
٠.١٠٢	٢.١٠	٠.٦١	٣	١.٨٣	بين المجموعات	التركيز الخارجي
-	-	٠.٢٩	٢٢٦	٦٥.٥٩	الخطأ	
-	-	-	٢٢٩	٦٧.٤١	المجموع	
٠.١٢١	١.٩٦	٠.٨٣	٣	٢.٤٩	بين المجموعات	المعلومات وتحليلها
-	-	٠.٤٣	٢٢٦	٩٥.٩٨	الخطأ	
-	-	-	٢٢٩	٩٨.٤٧	المجموع	
٠.٢٢٣	١.٤٧	٠.٦٤	٣	١.٩٢	بين المجموعات	هيئة التدريس والكادر الوظيفي
-	-	٠.٤٣	٢٢٦	٩٨.٠٥	الخطأ	
-	-	-	٢٢٩	٩٩.٩٧	المجموع	
٠.٠٦٤	٢.٤٥	٠.٩٢	٣	٢.٧٥	بين المجموعات	فعالية العمليات
-	-	٠.٣٧	٢٢٦	٨٤.٥١	الخطأ	
-	-	-	٢٢٩	٨٧.٢٦	المجموع	

النتائج والإنجازات	بين المجموعات	٣.١٨	٣	١.٠٦	٢.٤٤	٠.٠٦٦
	الخطأ	٩٨.٢٤	٢٢٦	٠.٤٤	-	-
	المجموع	١٠١.٤٢	٢٢٩	-	-	-
المؤشرات	بين المجموعات	٢.٢٣	٣	٠.٧٤	٢.١٦	٠.٠٩٤
	الخطأ	٧٧.٩٥	٢٢٦	٠.٣٥	-	-
	المجموع	٨٠.١٨	٢٢٩	-	-	-
الدرجة الكلية	بين المجموعات	٢.٠٨	٣	٠.٦٩	٢.٥٦	٠.٠٥٦
	الخطأ	٦٠.٩٦	٢٢٦	٠.٢٧	-	-
	المجموع	٦٣.٠٤	٢٢٩	-	-	-

يتبين من خلال نتائج تحليل التباين الأحادي لفحص الفروق في درجات تقدير العمداء ورؤساء الأقسام ومدراء الوحدات لمعايير التميز حسب سنوات الخبره، انه لا توجد فروق ذات دلاله إحصائية في الدرجة الكلية لتقدير العمداء ورؤساء الأقسام ومدراء الوحدات لهذه المعايير حسب سنوات خبرتهم، وعند فحص الفروق في المجالات المختلفة تبين انه لا توجد فروق ذات دلالة إحصائية في معظم المجالات باستثناء مجال التخطيط الاستراتيجي، إذ تبين وجود فروق ذات دلالة إحصائية عند مستوى ٠.٠٥ فقد بلغت قيم ف ٢.٧٠، وبين اختبار LSD للمقارنات البعديه(ملحق ٣) إن مصدر هذا الفرق كان بين درجات تقدير العمداء ورؤساء الأقسام ومدراء الوحدات لمعايير التميز في مجال التخطيط الاستراتيجي ذوي الخبرات ١-٥ سنوات من جهة وبين تقديرات العمداء ورؤساء الأقسام ومدراء الوحدات ذوي الخبرات ١١-١٥ سنة و ١٦ سنة فما فوق لصالح الخبرات الأعلى.

السؤال السادس: ما معايير التميز المقترحة للمستوى الجامعي في مؤسسات التعليم العالي في الأردن؟

أظهرت نتائج التحليل العاملي، وجود ١٧ عاملا تزيد قيمة الجذر الكامن لأي منها عن ١، وكان العامل الأول الأكثر تفسيرا للتباين إذ بلغت قيمة الجذر الكامن للعامل الأول ٤٣.١ وهو يفسر ما نسبته ٤١.٩% من التباين الكلي للأداة، وقد فسرت العوامل السبعة عشر مجتمعة ما نسبته٧٣.٠% من التباين الكلي للأداة، وهي تعتبر مرتفعة. والجدول رقم (٢٢) يبين قيم الجذر الكامن ونسبة التباين الذي يفسره كل عامل من العوامل ونسبة التباين التراكمية.

جدول رقم (٢٢): قيم الجذر الكامن ونسبة التباين والنسبة التراكمية للتباين للعوامل المختلفة

نسبة التباين التراكمية	نسبة التباين	قيمة الجذر	العامل
٤١.٩	٤١.٩	٤٣.١	١
٤٦.٢	٤.٣	٤.٤	٢
٤٩.٨	٣.٦	٣.٧	٣
٥٢.٩	٣.١	٣.٢	٤
٥٥.٤	٢.٥	٢.٥	٥
٥٧.٧	٢.٣	٢.٤	٦
٥٩.٨	٢.١	٢.١	٧
٦١.٢	١.٨	١.٨	٨
٦٣.١	١.٥	١.٦	٩
٦٤.٥	١.٥	١.٥	١٠
٦٥.٧	١.٤	١.٤	١١
٦٧.٢	١.٣	١.٤	١٢
٦٨.٥	١.٣	١.٣	١٣

١٤	١.٣	١.٣	٦٩.٨
١٥	١.٢	١.١	٧٠.٩
١٦	١.١	١.١	٧٢.٠
١٧	١.٠	١.٠	٧٣.٠

وبالرجوع إلى درجات تشبع الفقرات على العوامل المختلفة يتبين أن فقرات المجالات النظرية تتشبع على العوامل المختلفة بدرجات تزيد عن ٠.٣٠ بطريقة تشبه إلى حد كبير تلك التقسيمة النظرية للأداة. وهذا يشير إلى صدق عاملي للأداة، والذي من خلاله يمكن اعتماد التقسيم النظري للفقرات على المجالات الثمانية، والذي يمكن استخدامه لإغراض ستخراج الدرجات وإجراء التحليلات الإحصائية للإجابة على أسئلة الدراسة.فقد تشبعت فقرات المجال الأول (القيادة) على العاملين ٢ و ١٢.

وتشبعت فقرات المجال الثاني (التخطيط الاستراتيجي) على العامل ٣.

وتشبعت فقرات المجال الثالث (التركيز الخارجي) على العوامل ١٠ و ١١ ١٦.

وتشبعت فقرات المجال الرابع (المعلومات وتحليلها) على العوامل ٦ و ١٥ و ٧.

وتشبعت فقرات المجال الخامس (هيئة التدريس والكادر الأكاديمي) على العاملين ٥ و ٩.

وتشبعت فقرات المجال السادس (فعالية العملية) على العاملين ١ و ١٤.

وتشبعت فقرات المجال السابع (النتائج والإنجازات) على العامل ١٣.

وتشبعت فقرات المجال الثامن (المؤشرات) على العاملين ٨ و ٤.

والجدول رقم (٢٣) يبين درجات تشبع الفقرات على العوامل المختلفة مرتبة حسب التقسيم النظري للمجالات.

الجدول رقم(٢٣):درجات تشبع الفقرات على العوامل المختلفة

	التخطيط الإستراتيجي			التركيز الخارجي			المعلومات وتحليلها			هيئة التدريس والكادر الوظيفي			فعالية العملية			النتائج والإنجازات			المؤش	
	رقم الفقرة	درجة التشبع	رقم العامل	رقم الفقرة	درجة التشبع	رقم العامل	رقم الفقرة	درجة التشبع	رقم العامل	رقم الفقرة	درجة التشبع	رقم العامل	رقم الفقرة	درجة التشبع	رقم العامل	رقم الفقرة	درجة التشبع	رقم العامل	رقم الفقرة	درجة التشبع
١	١	٠.٧١	٣	١	٠.٦٠	١٠	١	٠.٥٨	٦	١	٠.٧٨	٩	١	٠.٤٤	١	١	٠.٤٤	١٣	١	٠.٤٢
١	٢	٠.٧٧	٣	٢	٠.٦١	١٠	٢	٠.٨٤	٦	٢	٠.٨٥	٩	٢	٠.٤٤	١	٢	٠.٥٠	١٣	٢	٠.٧٢
١	٣	٠.٦٠	٣	٣	٠.٦٢	١٠	٣	٠.٨٢	٦	٣	٠.٧٠	٩	٣	٠.٩٥	١	٣	٠.٥٥	١٣	٣	٠.٦١
	٤	٠.٥٩	٣	٤	٠.٦٩	١٠	٤	٠.٧٥	٦	٤	٠.٣٦	٩	٤	٠.٩٣	١	٤	٠.٨٩	١٣	٤	٠.٨٠
	٥	٠.٥٩	٣	٥	٠.٦٩	١٠	٥	٠.٦٠	٦	٥	٠.٤٠	٩	٥	٠.٧٨	١	٥	٠.٥٩	١٣	٥	٠.٥٤
	٦	٠.٤٣	٣	٦	٠.٦٠	١٠	٦	٠.٥١	٦	٦	٠.٤٨	٩	٦	٠.٧٠	١	٦	٠.٤٨	١٣	٦	٠.٤٥
	٧	٠.٦٢	٣	٧	٠.٤١	١٠	٧	٠.٥٤	١٥	٧	٠.٤٥	٥	٧	٠.٥٩	١				٧	٠.٣٣
	٨	٠.٥٢	٣	٨	٠.٣٨	١٦	٨	٠.٦٨	١٥	٨	٠.٦٦	٥	٨	٠.٥٧	١				٨	٠.٥٥
	٩	٠.٧٢	٣	٩	٠.٦٤	١١	٩	٠.٥٧	١٥	٩	٠.٥٧	٥	٩	٠.٦٥	١				٩	٠.٥٨
	١٠	٠.٨٣	٣	١٠	٠.٧٦	١١	١٠	٠.٤٣	٧	١٠	٠.٤٣	٥	١٠	٠.٣٩	١٤				١٠	٠.٥٧
	١١	٠.٧٤	٣	١١	٠.٨٢	١١	١١	٠.٧٠	٧	١١	٠.٤٦	٥							١١	٠.٧٤

كما استخرجت معاملات الارتباط الثنائية بين الفقرة ودرجة المجال الذي تنتمي اليه والدرجة الكلية للمقياس ، وتبين من خلال هذا المعاملات أن قيمها تزيد عن ٠.٣٧ للعلاقة بين الفقرة الخامسة من المجال الثامن مع درجة هذا المجال. وكانت جميع معاملات الارتباط ذات دلالة إحصائية عند مستوى اقل من ٠.٠٠٥, الجدول رقم (٢٤) يبين معاملات الارتباط بين الفقرة والمجال الذي تنتمي إليه والدرجة الكلية للمقياس.

جدول رقم (٢٤): معاملات الارتباط بين الفقرة والمجال الذي تنتمي إليه والدرجة الكلية للمقياس.

رقم الفقرة	القيادة	الدرجة الكلية	رقم الفقرة	التخطيط الإستراتيجي	الدرجة الكلية	رقم الفقرة	التركيز الخارجي	الدرجة الكلية	رقم الفقرة	المعلومات وتحليلها	الدرجة الكلية
١	٠.٤٦	٠.٥٩	١	٠.٦٠	٠.٧١	١	٠.٥٨	٠.٦٧	١	٠.٦٧	٠.٧٦
٢	٠.٥٤	٠.٧٠	٢	٠.٦٨	٠.٧٧	٢	٠.٦٤	٠.٧٦	٢	٠.٧٣	٠.٨١
٣	٠.٥٦	٠.٧٢	٣	٠.٧٠	٠.٧٦	٣	٠.٦٤	٠.٧٧	٣	٠.٧١	٠.٨٠
٤	٠.٥٦	٠.٧٢	٤	٠.٦٧	٠.٧٤	٤	٠.٧٠	٠.٧٧	٤	٠.٧١	٠.٨٠
٥	٠.٦٠	٠.٧٧	٥	٠.٧١	٠.٧٨	٥	٠.٧٦	٠.٧٥	٥	٠.٧٤	٠.٨٢
٦	٠.٦٩	٠.٧٧	٦	٠.٦٦	٠.٧٥	٦	٠.٦٨	٠.٧٥	٦	٠.٧٧	٠.٨٢
٧	٠.٦٠	٠.٧٧	٧	٠.٦٧	٠.٧٦	٧	٠.٥٤	٠.٧١	٧	٠.٧٢	٠.٧٩
٨	٠.٥٦	٠.٧١	٨	٠.٦٢	٠.٧٢	٨	٠.٥٥	٠.٦٣	٨	٠.٧٠	٠.٧٦
٩	٠.٥٦	٠.٧١	٩	٠.٦٨	٠.٧٩	٩	٠.٦١	٠.٧١	٩	٠.٧٣	٠.٧٥
١٠	٠.٦٥	٠.٧٩	١٠	٠.٦٨	٠.٨٠	١٠	٠.٥٦	٠.٧٠	١٠	٠.٦٦	٠.٧٥
١١	٠.٦٦	٠.٨٠	١١	٠.٦٣	٠.٧٧	١١	٠.٥٤	٠.٧٦	١١	٠.٦٨	٠.٧٥
١٢	٠.٦٥	٠.٧٨	١٢	٠.٦٥	٠.٧٤	١٢	٠.٥١	٠.٦٢	١٢	٠.٧١	٠.٧٩
١٣	٠.٦٦	٠.٧٤	١٣	٠.٦٣	٠.٧٢				١٣	٠.٧٤	٠.٨٠
١٤	٠.٦٧	٠.٧٩	١٤	٠.٦٧	٠.٧٧				١٤	٠.٦٤	٠.٧١
									١٦	٠.٦٥	٠.٦٩

تابع جدول رقم (٢٥): معاملات الارتباط بين الفقرة والمجال الذي تنتمي إليه والدرجة الكلية للمقياس.

رقم الفقرة	هيئة التدريس والكادر الوظيفي	الدرجة الكلية	رقم الفقرة	فعالية العملية	الدرجة الكلية	رقم الفقرة	النتائج والإنجازات	الدرجة الكلية	رقم الفقرة	المؤشرات	الدرجة الكلية
١	٠.٦٨	٠.٧٣	١	٠.٦٧	٠.٧٩	١	٠.٧٤	٠.٨٧	١	٠.٦٢	٠.٧٦
٢	٠.٦٣	٠.٧٠	٢	٠.٦٦	٠.٧٨	٢	٠.٧٤	٠.٨٧	٢	٠.٤٧	٠.٦٣
٣	٠.٦٧	٠.٧٦	٣	٠.٥٨	٠.٧٦	٣	٠.٦٨	٠.٨٣	٣	٠.٥٥	٠.٦٨
٤	٠.٧٨	٠.٨٣	٤	٠.٦١	٠.٨٠	٤	٠.٦٦	٠.٨٤	٤	٠.٥٢	٠.٦٤
٥	٠.٧٣	٠.٨١	٥	٠.٦٩	٠.٨٤	٥	٠.٧٢	٠.٨٣	٥	٠.٣٧	٠.٥٢
٦	٠.٧٧	٠.٧٩	٦	٠.٧٣	٠.٨٥	٦	٠.٦٤	٠.٧٨	٦	٠.٥٨	٠.٧٦
٧	٠.٦٦	٠.٧٥	٧	٠.٧١	٠.٨٣				٧	٠.٥٧	٠.٧١
٨	٠.٧٠	٠.٨١	٨	٠.٦٦	٠.٨١				٨	٠.٤٩	٠.٦٧
٩	٠.٧٤	٠.٨٤	٩	٠.٦٥	٠.٧٨				٩	٠.٤٤	٠.٦٣
١٠	٠.٦٨	٠.٧٥	١٠	٠.٦٥	٠.٧٢				١٠	٠.٥٧	٠.٧٩
١١	٠.٦٦	٠.٧٦							١١	٠.٥٤	٠.٧٧
١٢	٠.٧٢	٠.٨١							١٢	٠.٥٩	٠.٧٠
١٣	٠.٧٠	٠.٨٠							١٣	٠.٦١	٠.٧٥
١٤	٠.٦٩	٠.٧٨							١٤	٠.٦٥	٠.٧٧
									١٦	٠.٦١	٠.٧٢

كما تم أيضا استخراج المتوسطات الحسابية والانحرافات المعيارية لدرجة تقدير العمداء ورؤساء الأقسام ومدراء الوحدات لمجالات الدراسة وذلك كما هو موضح في الجدول رقم(٢٥):

الجدول رقم (٢٦): المتوسطات الحسابية والانحرافات المعيارية لدرجة تقدير العمداء ورؤساء الأقسام ومدراء الوحدات لمجالات الدراسة

المجال	المتوسط الحسابي	الانحراف المعياري
القيادة	٣.٠٥	٠.٥٩
التخطيط الاستراتيجي	٣.٠١	٠.٦١
التركيز الخارجي	٣.٠٤	٠.٥٤
المعلومات وتحليلها	٢.٨٩	٠.٦٦
الموارد البشرية	٣.٠٣	٠.٦٦
فعالية العمليات	٣.٠٩	٠.٦٢
النتائج والإنجازات	٢.٩٧	٠.٦٧
المؤشرات	٣.٠٥	٠.٥٩

تبين من الجدول رقم (٢٥) أن درجة تقدير العمداء ورؤساء الأقسام ومدراء الوحدات لمجالات الاستبانة كمعايير من معايير التميز كانت مرتفعة لجميع المجالات. إذ جاء في مقدمة هذه المجالات: مجال فعالية العمليات بمتوسط حسابي (٣.٠٩) فمجالي القيادة والمؤشرات بمتوسط حسابي لكل منهما (٣.٠٥)، فالتركيز الخارجي (٣.٠٤)، فالموارد البشرية (٣.٠٣)، فالتخطيط الاستراتيجي (٣.٠١)، فالنتائج والإنجازات (٢.٩٧)، وأخيرا المعلومات وتحليلها(٢.٨٩) وهذا ما أكدته نتائج تحليل المتوسطات الحسابية والانحراف المعياري على معايير التميز لمجالات أداة الدراسة في جدول رقم(٢٦).

الجدول رقم (٢٧): نتائج تحليل المتوسطات الحسابية والانحرافات المعيارية
على معايير التميز لمجالات أداة الدراسة

المجال	المعيار	أرقام الفقرات	المتوسط الحسابي	الانحراف المعياري
القيادة	التطور والمشاركة الوضوح والواقعية في الخطط والأهداف	١، ٢، ٣ ٤ - ١٤	١٣,٣ ٠٢.٣	٤.٣ ١.٣
التخطيط الاستراتيجي	المرونة والنظرة المستقبلية	١ - ١٤	٣	٣.٦
التركيز الخارجي	خدمة المجتمع إصدار المنشورات للتعريف بالجامعة رضا الطلبة	١ - ٧ ٩ - ١١ ١٢.٨	٢.٩٦ ٣.١٦ ٣.١٤	١.٤ ١.٤ ١.١
المعلومات وتحليلها	أساليب جمع المعلومات نظام الإعلام والمعلومات الداخلي استخدام المعلومات	١ - ٦ ١٠ - ١٦ ٧, ٨, ٩	٢.٨٥ ٢.٨٦ ٣.٠٣	٢.٣ ٢.١ ١.١
الموارد البشرية	إدارة وتقييم وتطوير إمكانيات العاملين تطوير المعرفة والبحث العلمي.	١ - ٦ ٧ - ١٥	٣.١٣ ٢.٩٦	١.٥ ٢.٥
فعالية العمليات	التميز والنوعية في تصميم إدارة العمليات تعزيز العلاقات مع المجتمع المحلي	١ - ٩ ١٠	٣.١٠ ٢.٩١	٤١.٩ ١.٣
النتائج والإنجازات	التقويم والتوثيق	١ - ٦	٢.٩٦	١.٣
المؤشرات	مؤشرات الطلبة وأعضاء هيئة التدريس مؤشرات المصادر والعمليات	١ - ٦ ٧ - ١٦	٣.١١ ٣.٠٠	١.٣ ١.٨

لقد تبين من خلال الإجابة عن أسئلة الدراسة وعرض نتائجها إن درجة تقدير العمداء ورؤساء الأقسام الأكاديمية ومدراء الوحدات كانت مرتفعة في جميع المجالات مما يعني تطابق البناء النظري للمعايير مع نتائج الدراسة العملية.

كما أظهرت الدراسة أن أدنى المتوسطات الحسابية لدرجات تقدير عينة الدراسة للمجالات المختلفة تم تسجيلها في الفقرات التالية مرتبة حسب ترتيب المجالات: استخدام القيادة أساليب التحفيز والتقدير والدعم الإيجابي لأفراد الجامعة، نشر الاستراتيجية من خلال نظام تبادل المعلومات بالجامعة، عملية جمع المعلومات من المجتمع المحلي والمستفيدين وتحليلها، وجود نظام إعلام داخلي لتعريف الكادر الوظيفي بالمعلومات الخاصة بالعمادة/ القسم/الوحدة، وجود نظام للمكافآت والحوافز التشجيعية لأعضاء هيئة التدريس/ الكادر الوظيفي، وجود هيئة لدى (العمادة/القسم/الوحدة) لإدارة وتعزيز العلاقات مع الطلبة والمجتمع المحلي، وجود نظام لتقرير النتائج المرتبطة بالمهام والخطط التي تم تحقيقها، عدد المجلات العلمية المتوفرة نسبة إلى عدد الطلبة.

كما أتضح من نتائج الدراسة أن درجة تقدير العمداء ورؤساء الأقسام الأكاديمية ومدراء الوحدات لمجالات الدراسة كانت متباينة بالاستناد إلى متغيرات الجامعة وسنوات الخبرة إذ كانت لصالح جامعتي الأردنية واليرموك ولصالح الخبرات الاكثر. بينما لم تظهر فروق ذات دلالة إحصائية تعزى لمتغير المسمى الوظيفي.

الفصل الخامس

مناقشة النتائج والتوصيات

الفصل الخامس
مناقشة النتائج والتوصيات

يهدف هـذا الفصـل الى تفسـير ومناقشـة أهـم النتـائج التـي أسـفرت عنهـا الدراسـة، وتقديم عدد من التوصيات بناء على تلك النتائج . وتسهيلا لتفسير النتائج ومناقشتها قامت الباحثة بتناول كل سؤال على إنفراد ومقارنته بالدراسات السابقة.

مناقشة السؤال الأول: ما مجالات معايير التميز المقترحة لمؤسسات التعليم العالي العالمية؟

بعد مراجعة الأدب السابق المتعلق بالتميز ومجالاته تم تحديد ثمانية مجالات للتميز هي: القيـادة، التخطـيط الاسـتراتيجي، التركيـز الخـارجي، المعلومـات وتحليلهـا، هيئـة التـدريس/الكـادر الوظيفي، فعالية العملية، النتائج والإنجازات، المؤشرات، والتي تم اقتراحها لتكـون المعـايير الرئيسـية للتميز في هذه الدراسة.

القيادة: كيف تعمل القيادة على تطوير وتسـهيل تحقيـق رسـالة الجامعـة ورؤيتهـا بشـكل فاعـل ،وتطوير وتعزيز القيم الاساسية الملائمة للجامعة والمطلوبـة للنجـاح طويـل الامـد وتنفيـذ ذلـك عـبر اعمال وسـلوكيات مناسبة وان تكـون القيـادة معنيـة في التأكيـد على تطـوير نظـام إدارة الجامعـة وتطويره.

التخطيط الاستراتيجي: كيف تنفذ المؤسسة رسالتها من خلال استراتيجية واضحة وفاعلة تركز على المستفيدين ،وموجهة من خلال سياسات الجامعة وخططها واهدافها وغاياتها واجراءاتها.

التركيز الخارجي: وهو ما تقوم به الجامعة من عمليات هادفة لتحقيق رضا متلقي الخدمة والمتعاملين معها.

المعلومات وتحليلها: كيف تعمل الجامعة على جمع المعلومات من المستفيدين عن مدى ملاءمة خدماتها ،ومعرفة فعالية برامجها وتحقيقها للنتائج المرجوة، ومعرفة مدى تقدمها نحو الاهداف قصيرة وطويلة المدى ،وتحليل هذه المعلومات والاستفادة منها في مراجعة الاداء.

هيئة التدريس / الكادر الوظيفي: وهو ما تقوم به الجامعة من إدارة ونشر المعرفة، ودعم الحريات الاكاديمية، وتشجيع التطور والنمو المهني للعاملين، وتطوير امكاناتهم عند المستوى الفردي الذي يعتمد على الفريق وعلى نطاق الجامعة.

فعالية العملية: أن تعمل الجامعة على تصميم وإدارة وتحسين عملياتها من اجل دعم سياساتها واستراتيجيتها لتسهم في زيادة رضا متلقي الخدمة.

النتائج والإنجازات: وهو ما تحققه الجامعة من نتائج لبرامجها وخدماتها وعملياتها والتي تتميز برضا الطلبة والمستفيدين وجميع العاملين فيها ، وانسجام هذه البرامج والخدمات مع احتياجاتهم وتوقعاتهم.

المؤشرات: قيام الجامعة بتحديد مؤشرات لمستوى النوعية في ادائها،مثل: نسبة الطلبة لكل عضو هيئة تدريس ، مؤهلات اعضاء هيئة التدريس ،عدد أجهزة الحاسوب، عدد الطلبة الجدد،عدد المجلات العلمية المتوفرة ،عدد البرامج،عبء التدريس، الخدمات المساندة.

مناقشة السؤال الثاني:" ما درجة تقدير العمداء ورؤساء الأقسام ومدراء الوحدات لمجالات معايير التميز"؟

تبين إن درجات تقدير العمداء ورؤساء الأقسام ومدراء الوحدات كانت مرتفعة لجميع المجالات إذ زادت جميع درجات أهميتها عن ٧٠ مما يشير إلى إن العمداء ورؤساء الأقسام ومدراء الوحدات قد أعطوا درجات تقدير مرتفعة لجميع المجالات الثمانية كمعايير من معايير التميز وهي كما يلي:

فقرات مجال القيادة تبين إن درجات تقدير العمداء ورؤساء الأقسام ومدراء الوحدات لفقرات مجال القيادة كانت مرتفعة حيث زادت درجات أهميتها عن ٧١.١ للفقرة ١٤ وكانت أعلى الدرجات أهمية "اهتمام القيادة بخطط الجامعة المستقبلية" حيث بلغت درجة أهميتها ٨٢.٢. ويعزى ذلك إلى أهمية القيادة في تميز الجامعة ودورها الفاعل في وضع الخطط ومتابعة فعالية تطبيقها والنظرة الشمولية للقيادة في الإسهام في رفع وتقدم مستوى الجامعة. ولقد اتفقت هذه الدراسة مع دراسة Rosa, and Henrique في أهمية معايير التميز في تطوير المنهاج، والنظام الداخلي للجامعة، وأيضا اتفقت مع دراسة Bomtaia & Zairi التي تبين أهمية القيادة في تميز الجامعة.

أما فيما يتعلق بمجال التخطيط الاستراتيجي فقد تبين إن درجات تقدير العمداء ورؤساء الأقسام ومدراء الوحدات لفقرات مجال التخطيط الاستراتيجي كانت مرتفعة حيث زادت درجات أهميتها عن ٧٠.١ وكانت أعلى الفقرات أهمية فقرة "مراجعة الخطط وتعديلها وتحسينها حسب المطلوب" حيث بلغت درجة أهميتها ٧٨.٥. ويرجع السبب في أهمية تلك الفقرة بسبب التطور الهائل والتغيرات المتسارعة محليا وإقليميا ودوليا الذي يشهده التعليم في مختلف مستوياته، الذي أوجب على الإدارة الجامعية مراجعة الخطط وتطويرها في ضوء

رؤية مستقبلية للحاجات التنموية ومطالب سوق العمل ولكي تصبح أكثر التصاقا بحاجات الطلاب واحتياجات المجتمع، وكذلك لكي تتماشى وتطور التعليم العالي في العالم، بالإضافة إلى أهمية التخطيط في رفع مستوى أداء الجامعات، ولقد اتفقت نتائج هذه الدراسة مع دراسة Rosa and Henrique في أهمية معايير التخطيط الاستراتيجي في تحسين وتعديل الخطط حسب متطلبات التعليم سواء كان من حيث تطوير التكنولوجيا أو التعليم. بالإضافة إلى اتفاقها مع نتائج دراسة (العزاوي ٢٠٠٢)، والخاصة بالتحسين المستمر وخصوصا في المجال المعرفي الإبداعي، وتحسين نوعية الخدمات التعليمية. كما اتفقت النتائج مع دراسة Bomtaia & Zairi التي أكدت على أهمية التخطيط الاستراتيجي في تميز الجامعات ودوره الكبير في نجاح سير العمل في الجامعة وأهمية وضع الخطط المستقبلية للجامعة والأهداف التي تسعى إلى تحقيقها.

أما فيما يتعلق بمجال التركيز الخارجي فقد تبين إن درجات تقدير العمداء ورؤساء الأقسام ومدراء الوحدات لفقرات مجال التركيز الخارجي كانت مرتفعة إذ بلغت درجة أهميتها ٧٦.١ باستثناء الفقرة ٤ " عمليات جمع المعلومات من المجتمع المحلي والمستفيدين وتحليلها " حيث بلغت درجة الأهمية لهذه الفقرة ٦٩.٣ في حين زادت درجات أهمية بقية الفقرات عن ٧١.٥ للفقرة ٥ وكانت أعلى الدرجات أهمية الفقرة ١٠ "إصدار الجامعة منشورات لتوضيح الجوانب الأكاديمية والإدارية فيها" حيث بلغت درجة أهميتها ٨١.٠. والسبب في ذلك إن إصدار المنشورات يعطي صورة صادقة لبرامجها وإنجازاتها التي استطاعت تحقيقها وكذلك السمعة العالمية الطيبة من خلال مستوياتها العلمية الرفيعة ومسيرتها الأكاديمية المتميزة وما يرتبط بها من أنشطة وحياة طلابية ثرية وسعيها المتواصل لتقديم إمكانياتها لخدمة المجتمع في كافة مجالاته باعتبارها بيت خبرة

أصيل وفريد في الحاضر والمستقبل ولقد اتفقت الدراسة مع دراسة Rosa and Henrique التي توصلت نتائج دراستهم إلى دور التعليم العالي في تقديم خدمات للمجتمع الخارجي.

أما فيما يتعلق بمجال المعلومات وتحليلها فقد تبين إن درجات تقدير العمداء ورؤساء الأقسام ومدراء الوحدات لفقرات مجال المعلومات مرتفعة وكانت أعلى الدرجات أهمية الفقرة ٩ "الاستفادة من المعلومات في توجيه الأهداف والرؤى المستقبلية" حيث بلغت درجة أهميتها ٧٧.٥ . ويرجع السبب في ذلك إلى أن الجامعة تستخدم البيانات والمعلومات التي تقوم بجمعها في تحليل الواقع وبالتالي وضع الخطط المناسبة من الواقع العملي للجامعة، كما كان لتوفر معايير لديهم في القياس والتقويم دور في الاستفادة من هذه المعلومات.

ولقد اتفقت نتائج الدراسة مع دراسة (Bomtaia & Zairi 2004) بالاستخدام الامثل للمعلومات وتحليلها في الجامعات من حيث الاهتمام بحاجات الكليات في إطار أهداف الجامعة ورسالتها

أما فقرات مجال هيئة التدريس/الكادر الوظيفي تبين إن درجات تقدير العمداء ورؤساء الأقسام ومدراء الوحدات لفقرات مجال هيئة التدريس/الكادر الوظيفي كانت مرتفعة وكانت أعلى الدرجات أهمية الفقرة ١ "إتاحة الفرصة لأعضاء هيئة التدريس/الكادر الوظيفي لتطوير إمكانياتهم وقدراتهم " حيث بلغت درجة أهميتها ٨١.٣. إذ يتطلب من مؤسسات التعليم العالي الاعتناء بعضو هيئة التدريس بدءا من دقة اختياره، ثم أعداده والاهتمام المستمر لتمكينه من تطوير قدراته ومهاراته العلمية والعملية وذلك من خلال النظرة لتطوير عضو هيئة التدريس كعالم، وتوفير المنح التنافسية للأبحاث ،وتهيئة إمكانيات السفر، ومنح أجازات التفرغ ،أو إجراء الأبحاث، وإتاحة الإمكانية للاستفادة

من مراكز التدريس المتوافرة وورش العمل التي تقدم لتطوير مهارات عضو هيئة تدريس ،وتهيئة إمكانية استفادة أعضاء هيئة التدريس الجدد من زملائهم الأساتذة ذوي الخبرة، وتمكينهم من حضور المؤتمرات وهذا بالتالي يعزز مستوى أداء الجامعة. ولقد اتفقت نتائج هذه الدراسة مع دراسة الموسوي (٢٠٠٣) والتي توصلت نتائج دراسته إلى دور الجودة في تحسين ممارسات أعضاء هيئة التدريس، ومساهمتها في اتخاذهم القرارات الأكاديمية والمهنية المناسبة لتطوير العملية التعليمية والتعلمية بما يؤدي بالتالي إلى تحسين أداء الجامعة . كما اتفقت نتائج الدراسة مع نتائج دراسة الحولي(٢٠٠٤) والذي ركز على أهمية الكادر التدريسي في رفع مستوى تميز أداء الجامعات، أن أهمية أعضاء هيئة التدريس ، تكمن بأنهم من الأسس الهامة في رفع مستوى التعليم، إذ هو الأهم في العملية التعليمية، كونه على اتصال مباشر مع الطالب. لذلك من الضروري أن تركز الجودة على أداء الكادر التدريسي لما له من تأثير عالي في رفع مستوى أداء الطلبة في الجامعات.

وبالنسبة لفقرات مجال فعالية العمليات تبين إن درجات تقدير العمداء ورؤساء الأقسام ومدراء الوحدات لفقرات مجال فعالية العملية كانت مرتفعة إذ بلغت الدرجة الكلية من حيث الأهمية لهذا المجال (٧٧.٢) وكانت أعلى الدرجات أهمية فقرة ٣ "التوثيق الجيد لإجراءات العمل" حيث بلغت درجة أهميتها ٧٩.٥ والسبب في ذلك أن التوثيق الجيد لإجراءات العمل يعتبر من المبادئ الأساسية لأنظمة الجودة الذي يهدف إلى تمكين المؤسسة من تتبع ما يحدث في حال ظهور أي مشكلة وإظهار انه قد تم إتباع الإجراءات وتعليمات العمل كما يجب للجهات الخارجية (الزبائن، هيئات الاعتماد) وللجهات الداخلية "المدققين الداخليين". ولقد اتفقت نتائج الدراسة مع دراسة

محجوب(٢٠٠٣) الذي أكد على أهمية وثائق وسجلات نظام إدارة الجودة، وأسلوب ضبطها ، والمعايير والعمليات وتوفير الموارد للعمليات في تحسين أداء الجامعات وتميزها .كما اتفقت مع دراسة الموسوي (٢٠٠٣) في أهمية إدارة الجودة في مساعدة المسؤولين في مؤسسات التعليم العالي على اتخاذ القرارات المهنية لتطوير العملية التعليمية التعلمية.

أما فقرات مجال النتائج والإنجازات فقد أظهرت النتائج أن درجات تقدير العمداء ورؤساء الأقسام ومدراء الوحدات لفقرات مجال النتائج والإنجازات كانت مرتفعة إذ بلغت (٧٤.٢) وكانت أعلى الدرجات أهمية الفقرة (٥) "المناخ التنظيمي الذي يحظى برضا أعضاء هيئة التدريس" حيث بلغت درجة أهميتها ٧٦.٣. ويرجع السبب في ذلك إلى ضرورة الاهتمام بالمناخ التنظيمي الذي يعكس جهود المؤسسة لتحسين بيئة العمل الداخلية بما يستلزم إعداد العنصر البشري على أسس وقواعد تكون هي المحور الأساسي في العملية الإنتاجية، والارتقاء بهذا المناخ من حيث المستوى والدرجة لجعله يتماشى مع أهداف المنظمة وأهداف الفرد على حد سواء، حتى يكون داعما لإنشاء وتأصيل انظمة فعالة . فحالة العنصر البشري هي أهم اصل ومورد في تحقيق كفاءة وفعالية المنظمة، ولتأمين تنمية إمكانيات الموارد البشرية وقدراتها، ينبغي توفير بيئة عمل مناسبة تتيح لإفراد القوى العاملة النمو والتطور والاستخدام الأفضل لقدراتهم ومهاراتهم بما ينعكس إيجابا على المؤسسة لتحقيق أهدافها.

وأخيرا مجال المؤشرات فقد أظهرت النتائج أن درجات تقدير العمداء ورؤساء الأقسام ومدراء الوحدات لفقرات مجال المؤشرات كانت مرتفعة (٧٦.٢) وكانت أعلى الدرجات أهمية الفقرة ١٥ "السمعة الأكاديمية للجامعة" حيث بلغت درجة أهميتها ٨٤.٠. ويرجع سبب الاهتمام بالسمعة الأكاديمية

للجامعة، هو دور سمعة الجامعة في حصولها على اعتراف دولي ومحلي وإعطاء خريجيها الأولوية بالنسبة للتوظيف ,وفي زيادة الإقبال على الدراسة فيها بالإضافة إلى مساهمتها في احتلالها مكانة أفضل ضمن صفوف الجامعات الأخرى ولقد اتفقت نتائج الدراسة مع دراسة Warn and Tranter (٢٠٠١) في تركيز الجامعة على تحسين سمات وخصائص الخريجين، إلا أن دراسة Gosling and Dandrea قد شككت في تحقيق نوعية محسنة ودائمة لمستوى الطلبة.

أما فيما يتعلق بنتائج السؤال الثالث "هل توجد فروق ذات دلالة إحصائية في درجات تقدير العمداء ورؤساء الأقسام ومدراء الوحدات لمعايير التميز حسب الجامعة"؟

تبين من خلال نتائج تحليل التباين الأحادي لفحص الفروق في درجات تقدير العمداء ورؤساء الأقسام ومدراء الوحدات لمعايير التميز حسب الجامعة التي ينتمون لها، انه لا توجد فروق ذات دلاله إحصائية في الدرجة الكلية لتقدير العمداء ورؤساء الأقسام ومدراء الوحدات حسب الجامعة، وعند فحص الفروق في المجالات المختلفة تبين انه لا توجد فروق ذات دلاله إحصائية في معظم المجالات باستثناء مجال القيادة، حيث تبين وجود فروق ذات دلاله إحصائية عند مستوى ٠.٠٥. فقد بلغت قيم ف ٢.٣٨، وبين اختبار LSD

للمقارنات البعديه إن مصدر هذا الفرق كان بين درجات تقدير العمداء ورؤساء الأقسام ومدراء الوحدات لمعايير التميز في مجال القيادة في الجامعتين الأردنية واليرموك من جهة، وبين تقديرات العمداء ورؤساء الأقسام ومدراء الوحدات في الجامعات (العلوم والتكنولوجيا والهاشمية وال البيت والبلقاء) من جهة أخرى لصالح الجامعتين الأردنية واليرموك. كما اظهر اختبار LSD للمقارنات البعديه وجود فروق ذات دلاله إحصائية في درجة تقدير العمداء ورؤساء الأقسام ومدراء الوحدات في جامعة اليرموك والعمداء، ورؤساء الأقسام ومدراء الوحدات في جامعة مؤتة لصالح جامعة اليرموك. وقد يعزى السبب في ذلك إلى قدم الجامعتين الأردنية واليرموك، مقارنة مع الجامعات الأردنية الأخرى، بالإضافة إلى وجود موظفين ذوي خبرات عالية في كل من الجامعة الأردنية واليرموك الذي يساهم في تميز القيادة فيها، مقارنة مع الجامعات الأخرى.

أما السؤال الرابع "هل توجد فروق ذات دلالة إحصائية في درجات تقدير العمداء ورؤساء الأقسام ومدراء الوحدات لمعايير التميز حسب نوع الوظيفة"؟

فقد تبين من خلال المتوسطات السابقة لمعايير التميز حسب نوع الوظيفة أن هناك فروقا ظاهرية في درجات تقدير العمداء ورؤساء الأقسام ومدراء الوحدات حسب نوع الوظيفة، وتبين من خلال نتائج تحليل التباين الأحادي لفحص الفروق في درجات تقدير العمداء ورؤساء الأقسام ومدراء الوحدات لمعايير التميز حسب نوع الوظيفة، انه لا توجد فروق ذات دلاله إحصائية في الدرجة الكلية لتقدير العمداء ورؤساء الأقسام ومدراء الوحدات حسب نوع الوظيفة، وعند فحص الفروق في المجالات المختلفة تبين انه أيضا لا توجد فروق ذات دلالة إحصائية في جميع المجالات. ولقد اختلفت الدراسة مع دراسة القرعان التي بينت وجود فروق ذات دلالة إحصائية في درجة تطبيق المديرين والمساعدين ورؤساء الأقسام في الوحدات الإدارية في الجامعات الأردنية لعناصر إدارة الجودة الشاملة والمعوقات التي تحد من تطبيقها تعزى إلى الوظيفة

الحالية، وقد يرجع السبب في ذلك إلى أن إعداد وتطبيق إدارة الجودة منوطة بأشخاص معينين، مما يحد من مديري ومساعدي رؤساء الأقسام في إعداد وتطبيق إدارة الجودة الشاملة. والذي قد تختلف حسب إدارة الجامعة وأسلوبها الإداري.

أما فيما يتعلق بالسؤال الخامس "هل توجد فروق ذات دلالة إحصائية في درجات تقدير العمداء ورؤساء الأقسام ومدراء الوحدات لمعايير التميز حسب سنوات الخبرة " ؟

تبين من خلال المتوسطات السابقة لمعايير التميز حسب الخبرة أن هناك فروق ظاهرية في درجات تقدير العمداء ورؤساء الأقسام ومدراء الوحدات حسب خبراتهم، الذي تبين من خلال نتائج تحليل التباين الأحادي لفحص الفروق في درجات تقدير العمداء ورؤساء الأقسام ومدراء الوحدات لمعايير التميز حسب سنوات الخبرة، وانه لا توجد فروق ذات دلاله إحصائية في الدرجة الكلية لتقدير العمداء ورؤساء الأقسام ومدراء الوحدات لهذه المعايير حسب سنوات خبرتهم، وعند فحص الفروق في المجالات المختلفة تبين انه لا توجد فروق ذات دلاله إحصائية في معظم المجالات باستثناء مجال التخطيط الاستراتيجي، حيث تبين وجود فروق ذات دلاله إحصائية عند مستوى ٠.٠٥ فقد بلغت قيم ف ٢.٧٠، وبين اختبار LSD للمقارنات البعديه إن مصدر هذا الفرق كان بين درجات تقدير العمداء ورؤساء الأقسام ومدراء الوحدات لمعايير التميز في مجال التخطيط الاستراتيجي ذو الخبرات ١-٥ سنوات من جهة وبين تقديرات العمداء ورؤساء الأقسام ومدراء الوحدات ذو الخبرات ١١-١٥ سنة و١٦ سنة فما فوق لصالح الخبرات الأعلى. ويعزى السبب في وجود فروق

لسنوات الخبرة، أن نسبة عالية من رؤساء الأقسام والعمداء، يكونون في الغالب من ذوي الخبرات، أو من لهم سنوات خبرة طويلة في نفس الجامعة، الذي يزيد من معرفته بوضع الكلية وما يتطلبه من احتياجات من اجل رفع مستواه الأكاديمي. لهذا ظهرت فروق في مجال التخطيط الاستراتيجي تعزى لسنوات الخبرة.

أما فيما يتعلق بنتائج السؤال السادس "ما معايير التميز المقترحة للمستوى الجامعي في مؤسسات التعليم العالي في الأردن" ؟

بما أن درجات تقدير العمداء ورؤساء الأقسام ومدراء الوحدات كانت مرتفعة لجميع المجالات حيث زادت جميع درجات أهميتها عن٧٠، بالإضافة إلى تطابق التحليل العاملي مع البناء النظري للأداة، وأيضا حصولها على المتوسطات العالية نتيجة تجميع الفقرات، فقد تم اقتراح هذه المجالات لتكون هي معايير التميز للمستوى الجامعي في مؤسسات التعليم العالي في الأردن، كما يلي:

أولا:- معيار القيــادة: ويشمل المعايير الفرعية التالية:

1. **التوصيف الواضح لمهمة/العمادة/القسم /الوحدة.**
2. **النظرة المستقبلية المشتركة للرؤى لتحقيق الأهداف.**
3. **الوضوح في تعريف الخطط والأهداف.**
4. **الوضوح في الأولويات الموجودة في العمادة /القسم /الوحدة لدى رئاسة الجامعة.**
5. **الاتفاق الجماعي للأوليات المطروحة في العمادة/ القسم /الوحدة مع رئاسة الجامعة.**
6. **الاهتمام الواضح بالتغذية الراجعة لتحسين الممارسة في العمل.**
7. **السرعة في الاستجابة من قبل القيادة للاهتمامات العامة.**

٨. دور القيادة الواضح في ربط الجامعة بالمجتمع المحلي.

٩. اهتمام القيادة بخطط الجامعة المستقبلية .

١٠. تطوير القيادة للمهام والرؤى.

١١. تطور القيادة في الجامعة علاقات مبنية على القيم وثقافة التميز.

١٢. مشاركة القيادة في عمليات تحسين إدارة الجامعة وتطويرها .

١٣. عمليات الاتصال البناءة بين القيادة والمستفيدين وممثلي المجتمع المحلي.

١٤. استخدام القيادة أساليب التحفيز والتقدير والدعم الإيجابي لأفراد الجامعة.

ثانيا- معيار التخطيط الاستراتيجي: ويشمل المعايير الفرعية التالية :

١. وجود عمليات تخطيط رسمية للعمادة /القسم /الوحدة.

٢. ترجمة خطط العمادة /القسم /الوحدة إلى خطوات عمل مكتوبة.

٣. تمثيل خطط العمادة/القسم /الوحدة للقيم والرؤى الخاصة بالجامعة.

٤. احتواء خطط العمادة /القسم /الوحدة على أهداف يمكن قياسها.

٥. إشراك الكادر الوظيفي في العمادة /القسم /الوحدة في تطوير خطط الجامعة وتنفيذها.

٦. اتفاق أهداف وخطط العمادة / القسم /الوحدة مع أهداف وخطط المؤسسات والمعاهد الكبرى.

٧. اعتماد التخطيط على احتياجات العمادة / القسم / الوحدة الحاضرة والمستقبلية.

٨. اعتماد الخطط في العمادة /القسم /الوحدة على توقعات المستفيدين من الجامعة.

٩. اعتماد الاستراتيجيات في العمادة / القسم / الوحدة على معلومات مرتبطة بالبحث والإبداع والتعلم.

١٠. مراجعة الخطط وتعديلها وتحسينها حسب المطلوب .

١١. استفادة خطط واستراتيجيات العمادة /القسم / الوحدة من بيانات قياس الأداء السابقة.

١٢. التنفيذ للخطط والاستراتيجيات في العمادة / القسم /الوحدة من خلال الأنشطة والفعاليات.

١٣. نشر الاستراتيجية من خلال نظام تبادل المعلومات بالجامعة .

١٤. اعتماد العمادة/ القسم / الوحدة أسلوب التخطيط لتحقيق الأهداف.

ثالثا: معيار التركيز الخارجي: وشمل المعايير الفرعية التالية:

١. الطريقة النظامية في (العمادة/القسم/الوحدة) لدراسة احتياجات وتوقعات المستفيدين من البرامج والخدمات الجامعية.

٢. إدراك (العمادة /القسم/الوحدة) لاحتياجات المستفيدين المحددة من برامجها وخدماتها.

٣. وضع (العمادة/القسم/الوحدة) في اعتبارها توقعات وأولويات المستفيدين.

٤. عمليات جمع المعلومات من المجتمع المحلي والمستفيدين وتحليلها.

٥. الإفادة من دراسة احتياجات المستفيدين في تحسين وتطوير البرامج والخدمات الجامعية المقدمة لهم.

٦. العلاقات البناءة والمتبادلة مع المستفيدين من البرامج والخدمات.

٧. التزام (العمادة/القسم/الوحدة) بتحسين سمعتها لدى المستفيدين من البرامج والخدمات.

٨. تقديم (العمادة/القسم/الوحدة) المعلومات الكاملة والدقيقة والواقعية للطلبة والمجتمع المحلي.

٩. إصدار الجامعة دليلا شاملا تقدم فيه نفسها بطريقة واضحة وكاملة.

١٠. إصدار الجامعة منشورات لتوضيح الجوانب الأكاديمية والإدارية فيها .

١١. إصدار الجامعة منشورات للتعريف بالهيئة التدريسية والإدارية فيها .

١٢. اعتبار رضا الطلبة والمجتمع المحلي من الأولويات المهمة لدى(العمادة/القسم/الوحدة).

رابعا: معيار المعلومات وتحليلها: ويشمل المعايير الفرعية التالية:

١. الاعتماد في/العمادة /القسم / الوحدة على أساليب المسح الميداني للحصول على معلومات عن مدى ملاءمة خدماتها للمستفيدين.

٢. وجود معايير محددة لتقييم فعالية برامج العمادة / القسم / الوحدة

٣. وجود معايير محددة لتقييم الخدمات والأنشطة التي تقدمها العمادة / القسم / الوحدة.

٤. الاتفاق المشترك والواضح حول المعايير المستخدمة لتقييم فعالية العمادة /القسم / الوحدة.

٥. استخدام الأساليب الفعالة لدى العمادة / القسم / الوحدة لجمع المعلومات حول تحقيق النتائج والإنجازات.

٦. وجود الأساليب العلمية لدى العمادة / القسم / الوحدة لمعرفة التقدم نحو الأهداف قصيرة وطويلة المدى.

٧. الاستفادة من المعلومات التي تم جمعها في تحليل ومراجعة الأداء .

٨. الاستخدام الامثل للمعلومات لتحسين الخطط المستقبلية للعمادة / القسم / الوحدة.

٩. الاستفادة من المعلومات في توجيه الأهداف والرؤى المستقبلية للعمادة / القسم / الوحدة.

١٠. وجود عمليات تبادل للمعلومات مع مؤسسات تعليم عالي أخرى لتقييم التقدم .

١١. وجود نظام إعلام داخلي لتعريف الكادر الوظيفي بالمعلومات الخاصة بالعمادة / القسم /الوحدة.

١٢. الاستفادة من النظام الإعلامي الداخلي لتعريف الكادر الوظيفي بالمهام والمسؤوليات المنوطة بهم .

١٣. التقييم لاستراتيجية العمل في العمادة/القسم/الوحدة بالاعتماد على المعلومات المتوافرة.

١٤. بناء نظام معلومات في العمادة/ القسم/الوحدة خاص بالمستفيدين لجمع المعلومات الشخصية عنهم.

١٥. وجود نظام معلوماتي في العمادة /القسم/الوحدة يفيد الطلبة والمستفيدين لتقديم رغباتهم وشكاويهم ومستوى رضاهم.

١٦. معالجة العمادة /القسم/الوحدة لشكاوى وملاحظات الطلبة والمستفيدين بإعطائها الأولوية في المناقشات المتعلقة بالجودة.

خامسا:معيار هيئة التدريس / الكادر الوظيفي : ويشمل المعايير الفرعية التالية:

١. إتاحة العمادة / القسم / الوحدة الفرصة لأعضاء هيئة التدريس / الكادر الوظيفي لتطوير إمكانياتهم وقدراتهم.

٢. إعطاء العمادة/ القسم /الوحدة الفرصة لأعضاء هيئة التدريس / الكادر الوظيفي للمساهمة بفعالية في نشاطاتها وفعالياتها.

٣. تشجع العمادة / القسم / الوحدة التميز والتطور المهني للعاملين فيها.

٤. وجود طرائق فعالة في العمادة / القسم / الوحدة لتقييم المساهمات الفردية والجماعية وتمييزها.

٥. وجود نظام في العمادة /القسم/الوحدة لتقييم مناخ العمل ورضا أعضاء هيئة التدريس الكادر الوظيفي.

٦. توفر العمادة /القسم/الوحدة لوائح وتعليمات لتوضيح مسؤولية وواجبات أعضاء هيئة التدريس/الكادر الوظيفي.
٧. دعم الجامعة الحريات الأكاديمية لأعضاء هيئة التدريس .
٨. التخطيط لإدارة وتحسين موارد أعضاء هيئة التدريس/ الكادر الوظيفي.
٩. تطوير ودعم العمادة/القسم/الوحدة لمعرفة وكفاءات هيئة التدريس/الكادر الوظيفي.
١٠. ممارسة العمادة / القسم / الوحدة لأسلوب التفويض والمشاركة لأعضاء هيئة التدريس/ الكادر الوظيفي.
١١. إتاحة العمادة / القسم / الوحدة لفرص التواصل بينها وبين أعضاء هيئة التدريس/الكادر الوظيفي.
١٢. وجود نظام للمكافآت والحوافز التشجيعية لأعضاء هيئة التدريس/ الكادر الوظيفي.
١٣. وجود هيئة في العمادة /القسم /الوحدة من مهنيين مؤهلين لتنظيم وتطوير ومراقبة برامج المؤسسة التعليمية والبحثية والخدمية.
١٤. وجود هيئة في العمادة /القسم /الوحدة لتنظيم ومراقبة البرامج والخدمات التعليمية المقدمة للطلبة.
15. وجود هيئة في العمادة /القسم /الوحدة لدعم البحث العلمي وتطويره.

سادسا: معيار فعالية العمليات: ويشتمل على المعايير الفرعية التالية:

١. محافظة (العمادة/القسم/الوحدة) على معايير متميزة في برامجها وخدماتها.
٢. التميز بإجراءات عمل في (العمادة/القسم/الوحدة) كفوءة وفعالة.
٣. التوثيق الجيد لإجراءات العمل في العمادة /القسم /الوحدة.
٤. إتباع الإجراءات الموثقة والمعيارية باستمرار في العمل.

٥. المواصفات المعيارية الجيدة لإنجاز العمل في (العمادة/القسم/الوحدة).

٦. المراجعة المنتظمة لإجراءات العمل وتحسينها .

٧. اهتمام (العمادة/القسم/الوحدة) بالاستفادة من الأفكار الإبداعية والتجديدية لتحسين إجراءات العمل.

٨. التحسين المستمر في (العمادة/القسم/الوحدة) لإجراءات العمل لإرضاء وتوليد القيمة المضافة للطلبة والمستفيدين.

٩. تصميم إجراءات العمل والخدمات المقدمة وفق احتياجات الأفراد والمستفيدين منها وتوقعاتهم.

١٠. وجود هيئة في (العمادة/القسم/الوحدة) لإدارة وتعزيز العلاقات مع الطلبة والمجتمع المحلي.

سابعا- معيار النتائج والإنجازات: وشمل المعايير الفرعية التالية:

١. وجود الوثائق الموضوعية في (العمادة / القسم/ الوحدة) التي تشير إلى النجاح في تحقيق الرؤى والأهداف.

٢. وجود نظام لدى(العمادة / القسم/ الوحدة) لتقرير النتائج المرتبطة بالمهام والخطط التي تم تحقيقها.

٣. البرامج والخدمات المقدمة من (العمادة / القسم/ الوحدة) تتميز برضا الطلبة والمستفيدين.

٤. الإدراك من قبل الطلبة والمستفيدين بانسجام البرامج والخدمات المقدمة من (العمادة / القسم/ الوحدة) مع احتياجاتهم وتوقعاتهم.

٥. المناخ التنظيمي الإيجابي في (العمادة / القسم/ الوحدة) الذي يحظى برضا أعضاء هيئة التدريس/الكادر الوظيفي.

٦. **مقارنة نتائج (العمادة / القسم/ الوحدة) مع نتائج جامعات أخرى على نحو إيجابي.**

ثامنا: معيار المؤشـرات: ويشمل المعايير الفرعية التالية:

1. **نسبة عدد الطلبة لكل عضو هيئة تدريس**
2. **مؤهلات أعضاء هيئة التدريس المتخصصة**
3. **تفرغ أعضاء هيئة التدريس**
4. **نسبة أعضاء هيئة التدريس من حملة الدكتوراة إلى عدد البرامج التي تعطي شهادة بكالوريوس**
5. **نسبة غير المتفرغين من أعضاء هيئة التدريس إلى المتفرغين**
6. **العبء التدريسي لأعضاء هيئة التدريس**
7. **عدد البرامج التي تقدمها الجامعة**
8. **نسبة مجموع أجهزة الحاسوب المتوفرة لاستعمال الطلبة إلى العدد الكلي للطلبة .**
9. **نسبة الطلبة الجدد إلى المتوقع تخرجهم في نفس العام .**
10. **نسبة الناتج البحثي المحكم إلى المتفرغين من حملة الدكتوراة خلال سنة .**
11. **عدد المجلات العلمية المتوفرة نسبة إلى عدد الطلبة .**
12. **علاقة الجامعة مع مؤسسات تعليم عالمية .**
13. **معدل الإنفاق على الطلبة**
14. **معدل الإنفاق على البحوث**
15. **السمعة الأكاديمية للجامعة**
16. **معدل الإنفاق على التسهيلات**

وبناء على تلك المعايير فإن قياس التميز في مؤسسات التعليم العالي كما تقترحه الباحثة سيكون على النحو التالي لكل مجال من المجالات الثمانية

(القيادة، التخطيط الاستراتيجي، التركيز الخارجي، المعلومات وتحليلها، أعضاء هيئة التدريس/الكادر الوظيفي، فعالية العمليات، النتائج والإنجازات، المؤشرات):

أولا: وضع مقياس خماسي لفقرات ومجالات التميز وفق الآتي:

(لا أعرف - نادرا - أحيانا - غالبا - دائما)

ثانيا: إعطاء درجات لكل استجابة لا اعرف ولها درجة واحدة، نادرا لها درجتان، احيانا ثلاثة درجات، غالبا ولها أربعة درجات، دائما لها خمس درجات.

ثالثا: يتم استخراج المجموع الفرعي للمجالات حسب الاستجابات ويتم تمثيلها وفق التدريج الآتي (المقياس الموحد).

	٦	٨	١٠	١٢	١٤	١٦	١٨	٢٠	٢٢	٢٤	٢٦	٢٨	٣٠
القيادة													
التخطيط الاستراتيجي													
التركيز الخارجي													
المعلومات وتحليلها													
أعضاء هيئة التدريس/الكادر الوظيفي													
فعالية العمليات													
النتائج والإنجازات													
المؤشرات													

إذ أن العدد ٦ يمثل أدنى علامة في الاستجابات والعدد ٣٠ يمثل أعلى علامة لأقل عدد فقرات ضمن مجال النتائج والإنجازات وبما أن عدد الفقرات في المجالات المختلفة غير متساو مما يؤدي إلى الاختلاف في أدنى وأعلى علامة

من مجال لآخر لذلك فانه من المناسب إقتراح مقياس موحد لجميع المجالات ولعمل ذلك تستخدم طريقة التناسب interpolation التالية:

عند التحويل من مجال علاماته تقع في الفترة [أ, ب] إلى المقياس الموحد [ج، د] سيكون ذلك على النحو التالي:

إذا كانت (ع) علامة ما بين (أ وب) لإيجاد العلامة المقابلة (س) نستخدم التناسب التالي:

$$\frac{ب - أ}{ب - ع} = \frac{د - ج}{د - س} \quad \text{ومنها فأن}$$

$$س = د - \frac{(د - ج)(ب - ع)}{ب - أ}$$

مثال: عند تحويل علامة (٥٠) في مجال القيادة تم الحصول عليها بعد تجميع الاستجابات على الاستبانة (ملحق رقم ٢) من (١٤-٧٠) إذ ان ١٤ أدنى علامة للمجال و(٧٠) أعلى علامة للمجال يكون كالتالي:

القيادة [١٤ ، ٧٠]   المقياس الموحد [٦ ، ٣٠]

فالعلامة ٥٠ في مجال القيادة تصبح في المقياس الموحد

$$س = ٣٠ - \frac{(٣٠ - ٦)(٧٠ - ٥٠)}{٧٠ - ١٤}$$

$$= ٣٠ - \frac{(٢٤)(٢٠)}{٥٦} = ٢١$$

وبعد ذلك تأخذ المجاميع النتائج التالية لقياس التميز:

٦ - ١١ مجال بحاجة إلى إعطائه أولوية في المراجعة والتحسين والتطوير

١٢ - ١٧ بداية طريق المنحى النظمي في منهجية العمل مع محاولات في التحسين

١٨ - ٢٣ توجد مؤشرات عديدة على الفعالية والمنحى النظمي

٢٤ - ٣٠ مجال التميز

وعليه فالجامعة التي تحصل على مؤشر تميز أعلى تأخذ الترتيب الأول ثم تأتي بقية الجامعات مرتبة تنازليا حسب مؤشر التميز.

التوصيات

بالاستناد إلى نتيجة السؤال الرئيس في الدراسة المتعلق بمعايير التميز المقترحة للمستوى الجامعي لمؤسسات التعليم العالي في الأردن وحصولها على درجة تقدير مرتفعة، فقد تم التوصل إلى مجموعة التوصيات التالية:

- تطبيق معايير التميز التي تم تطويرها في هذه الدراسة في مؤسسات التعليم العالي في الأردن.
- إنشاء هيئة مستقلة تتولى قياس التميز في الجامعات وتصنيفها وتوفير الموارد البشرية والمالية والإعلامية الكافية لها.

وبالإستناد أيضا الى نتيجة الأسئلة (الثاني والثالث والرابع والخامس) المتعلقة بتقديرات العمداء ورؤساء الأقسام الأكاديمية ومدراء الوحدات الإدارية المرتفعة لمجال المؤشرات ،وعدم وجود فروق ذات دلالة بينهم في النظر الى التميز مما يشير الى رغبة أكيدة للتميز فإن الباحثة توصي:

- منح جوائز سنوية للمؤسسات التي لها تميز في أدائها وعطائها ومخرجاتها.
- فتح أفاق التعاون بين الجامعات الأردنية مع الجامعات الغربية وبشكل خاص مع الجامعات التي تتميز في أدائها، والتي يمكن أن تساهم في رفع مستوى الأداء في الجامعات الأردنية.
- إصدار نشرة سنوية بترتيب الجامعات الأردنية من حيث التميز، لما لها من دور في تشجيع الجامعات لاحتلال المراكز الأولى، الذي سوف يساهم بشكل تلقائي في رفع مستوى الجامعات.

قائمة المراجع

أولا: المراجع العربية:

- أبو خلف، نادر (٢٠٠٤). "التعريف بتصنيف الجامعات وارتباطه بالنوعية"، رقة علمية أعدت لمؤتمر النوعية في التعليم العالي الفلسطيني، جامعة القدس المفتوحة، رام الله، ٣-٢٠٠٤/٧/٥.
- أحمد ، أحمد (٢٠٠٢). الجودة الشاملة في الإدارة التعليمية والمدرسية، الإسكندرية: دار الوفاء لدنيا الطباعة والنشر.
- البابطين، عبد العزيز عبد الوهاب (١٩٩٨). "أسس تقويم البرامج الأكاديمية في التعليم العالي"، بحث مقدم لندوة التعليم العالي في المملكة العربية السعودية، الرياض، ٢٢-٢٥ فبراير.
- البسيوني، أحمد، وآخرون (٢٠٠٣). "التقويم الذاتي والخارجي والاعتماد العام للجامعات العربية"، مجلة أعضاء الاتحاد، عمان، اتحاد الجامعات العربية.
- بوقحوص، خالد أحمد (٢٠٠٣). " بعض الاتجاهات العالمية للتعليم العالي في ظل العولمة " مجلة التربية، العدد ٨، البحرين.
- التل, احمد (١٩٩٦). "سياسة التعليم العالي في الأردن بين النظرية والتطبيق ", ورقة مقدمة إلى ندوة مؤسسات التعليم العالي في الأردن ودورها في التنمية, جامعة اربد الأهلية, ١٥- ١٦ تموز ١٩٩٦.
- الثبيتي، مليحان، (٢٠٠٠). "الجامعات: نشأتها، مفهومها، وظائفها"، المجلة التربوية، العدد (٤٥)، المجلد (١٤). مجلس النشر العلمي، جامعة الكويت، ص ٢٢١-٢٦٠.

- الجملان، معين حلمي (١٩٩٨). " التعليم عن بعد ودوره في دعم مؤسسات التعليم العالي في العالم العربي: توجهات مستقبليـة "، مجلة اتحاد الجامعات العربية، العدد ٣٣.
- الحولي، عليان، (٢٠٠٤). "تصور مقترحا لتحسين جودة التعليم الجامعي الفلسطيني"، ورقة علمية أعدت لمؤتمر النوعية في التعليم العالي الفلسطيني، جامعة القدس المفتوحة، رام الـلـه، ٣-٢٠٠٤/٧/٥.
- الخوالدة, عايد (٢٠٠٣). "بناء معايير لإدارة التجديدات في النظام التربوي الأردني" رسالة دكتوراة غير منشورة, جامعة عمان العربية, عمان- الأردن.
- درة، عبد الباري (١٩٩٧). "الجامعات العربية وتحديات القرن ٢١"، ورقة عمل قدمت في ندوة حول التعليم العالي في الوطن العربي، صنعاء، اليمن.
- رحمة، أنطوان (١٩٩٦). "بناء أنموذج للتقويم الشامل لعضو هيئة التدريس الجامعية"، مجلة اتحاد الجامعات العربية، العدد (٣١)، ص: ٢٤-٥٣.
- زيدان، مراد صالح (١٩٩٨). "مؤشرات الجودة في التعليم الجامعي المصري"، مجلة كلية التربية جامعة الأزهر، العدد ٧٢.
- السائح، أمان (٢٠٠٤). جريدة الدستور، عمان، العدد ١٣٣٠٠، ٣ آب.
- سركيس، فيروز فرح (٢٠٠٤). " هيئات الاعتماد في التعليم العالي "، ورقة مقدمة في ورش عمل إعادة تنظيم التعليم العالي الخاص، بيروت ١٠- ٢٤ شباط ٢٠٠٤.
- سلامة، رمزي والنهار، تيسير (١٩٩٧). " ضمان النوعية في التعليم العالي: المفهوم والدواعي والآليات "، ورقة مقدمة في المؤتمر الإقليمي

العربي حول التعليم العالي بتنظيم مكتب اليونسكو الإقليمي للتربية في الدول العربية، بيروت ٢-٥ مارس ١٩٩٨.

- سلامة، رمزي والنهار، تيسير (١٩٩٧). "ضمان النوعية في التعليم العالي، المفهوم والدواعي والآليات"، دراسة مقدمة للمؤتمر العلمي الصاحب للدورة الثلاثين لمجلس اتحاد الجامعات العربية، صنعاء، اليمن، ١-٣/آذار/١٩٩٧.
- السلطان، خالد بن صالح (١٤٢٢هـ). "السياسات التعليمية المستقبلية للتعليم العالي"، ورقة عمل مقدمة لندوة الرؤية المستقبلية للاقتصاد السعودي حتى عام ١٤٤٠هـ ٤-٨ شعبان.
- الشلبي، فاهوم (٢٠٠٤). "نموذج رياضي لمقارنة نوعية التعليم في الجامعات الفلسطينية، ورقة عمل أعدت لمؤتمر النوعية في التعليم الجامعي الفلسطيني، جامعة القدس المفتوحة، رام الـلـه في الفترة الواقعة ٣-٥/٧/٢٠٠٤.
- صحيح مسلم.
- عباس، شفيقة ابراهيم (١٩٩٧). "التعليم العالي في الامارات "، ندوة التعليم العالي في البلدان العربية السياسات والافاق-منتدى الفكر العربي، المغرب.
- العزاوي، محمد عبد الوهاب (٢٠٠٢). "متطلبات نظام إدارة الجودة الجامعية وفقا للمواصفات العالمية آيزو ٩٠٠٠-٢٠٠٠"، مجلة بحوث مستقبلية، العدد ٥، مركز الدراسات المستقبلية، كلية الحدباء الجامعة، بغداد، (ص٦٥-٨٦).
- العنبوسي، أحمد (١٩٩٩). " الجامعات الخاصة في الأردن " ط ١، عمان.

- فرجاني، نادر، (١٩٩٨). "مساهمة التعليم العالي في التنمية في البلدان العربية"، المؤتمر الإقليمي العربي حول التعليم العالي، بيروت، ٥ آذار، ١٩٩٨.

- القاسم ، صبحي، (٢٠٠٠). " نوعية التعليم العالي في الوطن العربي: قضايا وأفكار"، ورقة عمل مقدمة لمؤتمر التعليم العالي في الأردن بين الواقع والطموح، جامعة الزرقاء الأهلية، الأردن.

- القرآن الكريم.

- كيفن، أوسمور (١٩٩١). "تطور سياسات التعليم العالي: ثلاثة أمثلة غربية"، مستقبليات، المجلد (٢١)، العدد (٣)، اليونسكو، عمان، الأردن.

- مراد، بديعة (١٩٩٢). "قياس معرفة مفاهيم القيادة الإدارية لدى الإداريين التربويين في الأردن " رسالة ماجستير غير منشورة، الجامعة الأردنية، عمان- الأردن.

- محجوب، بسمان، (٢٠٠٣). "إدارة الجامعات العربية في ضوء المواصفات العالمية: دراسة تطبيقية لكليات العلوم الإدارية والتجارة" مجلة بحوث ودراسات، المنظمة العربية للتنمية الإدارية. ص ص: ١٠٣-١٦٩.

- المنيع، محمد عبد الله (١٤٢٢هـ : ٢٠٠٢م). "تطوير مؤسسات التعليم العالي الحكومية والأهلية في المملكة العربية السعودية واستخدام نظام التعليم المفتوح والتعليم عن بعد: الجامعة العربية المفتوحة كنموذج"، ورقة مقدمة في ندوة التعليم العالي الأهلي، كلية التربية، جامعة الملك سعود.

- الموسوي، محمد صالح (٢٠٠٣). " تطوير أداة لقياس إدارة الجودة الشاملة في مؤسسات التعليم العالي "، المجلة التربوية (جامعة الكويت)، المجلد ١٧، العدد ٦٧، (٨٧-١١٨).

- النجار، فريد (٢٠٠٠). "إدارة الجامعات بالجودة الشاملة"، إيترك للنشر والتوزيع، القاهرة.

- النعساني، عبد المحسن (٢٠٠٣). " نموذج مقترح لتطبيق فلسفة إدارة الجودة الشاملة في مؤسسات التعليم العالي " ورقة مقدمة في الملتقى العربي لتطوير أداء كليات الإدارة والتجارة في الجامعات العربية، حلب، ١١-١٣ آذار ٢٠٠٣.

- وزارة التعليم العالي، (٢٠٠٤). " مسودة قانون هيئة ضمان الجودة والاعتماد في التعليم "، اللجنة القومية لضمان الجودة والاعتماد، مصر.

- وزارة التعليم العالي.الاردن، www.mohe.gov.jo/profile /default /asp

- اليونسكو، (١٩٩٨)."التعليم العالي في القرن الحادي والعشرين: الرؤية والعمل"، المؤتمر العالمي للتعليم العالي، ٥- ٩ أكتوبر، باريس.

ثانيا: المراجع الإنجليزية:

- Abdul Malek, Kanji, Tambi, Gopal K. Bin A. William, Wallace (1999). "AComparative Study of Quality Practices in Higher Education Institutions in the U.S and Malaysia" Vol, 10, Issue, 3.

- Baldrige National Quality Programm . (2004), "Education Criteria for Performance Excellence " Malcolm Baldrige Publisher.

- Bomtaia, k., Zairi.M.,(2004). "Quality in Higher Education Benchmarking Best practices in five US University", Workpaper, presented to European Centre for Total Quality Management, School of Management, University of Bradford.

- Commission on Institution of Higher Education ,(1996) ." Candidacy for Accreditation " Massachusetts: NEAS & C.

- Consortium for Excellence in Higher Education, (2003). Applying Self-Assessment against the EFQM Excellence Model in Future Higher Education, Sheffield Hallam University, 4.

- Couch Cene C, J. R., (1999). "A measurement of TQM in Selected North Carolina Community College". DAI-A60/50.P.1433.

- David W, :(1992), " Higher Education: Planning for the 21 century" Quarterly review, (Federal Reserve Bank of Minneapolis) Vol ,16.

‒ Freed, J. E, (1997). "Implementing the Quality Principles in Higher Education". Research in Higher Education, Vol. 38, No 2. PP: 107-119.

‒ Gerald et al. (1995). "Measuring Up: The Promises and Pitfalls of Performance indicators in Higher Education", ERIC. Available in: www.eric.ed.gov .

‒ Good , Carter (1959) . "Dictionary of Education ", second edition, NewYork McGraw- hill Book Company, INC.

‒ Goodchild, L.,(1997). "The History of Higher Education", ASHE Reader.

‒ Gosling, David, and Vaneeta-Marie Dandrea (2001). "Quality Development: a New Concept for Higher Educaton" Carfax Publishing Company,

‒ Taylor & Francis Group, Vol. 7, No. 1. P7-17

‒ Hattendorf, Lynn, (1996). "Educational Ranking of Higher Education: Fact or Fiction?" , A paper Presented at the Eighth International conference on Assessing Quality in Higher Education , July 15,1996, Queensland, Australia,

‒ Klaus, J. and Wolfgang, V., (2000), "The New EFQM Excellence Model and Its Impact on Higher Education Institutions" available in www.efqm.de.

‒ Middle States Commission on Higher Education, (2002). "Characteristics of Excellence in Higher Education " Philadelphia ,USA, Available in www.msache.org

− Pollicino, E. and Hall, C. (1998), "Strategic Planning, Assessment and Accountability: Their Impact on the Establishment of Centers of Excellence in Academic Department", Available: ERIC, www.eric.edu.gov

− Proven, D., Abercomby. K., (2002)," University League Tables and Ranking: A Critical Analysis "chems paper NO. 30.

− Pupius , M., Brusoni , M., (2002) , "Comparing and Contrasting The EFQM Excellence Model and The Accreditation Process for Management in Higher Education " , International Conference of Quality of Higher Education in The New University of Derbi , UK 24-25 August 2000 .

− Rosa, J., Pero M. and Henreque D (2001). "The Development of an Excellence Model for Portuguese Higher Education Institutions", The 6th TQM World Congress. P 549 - 556.

− The Danish Evaluation Institute, (2003), "Quality Procedures in European Higher Education", Occasional paper (5), European Network for Quality Assurance in Higher Education-Helsinki

− The European Foundation for Quality Management,EFQM, (2003). "The fundamental Concepts of Excellence", PP 5-7.

− TQM College, (2003). "Excellence in Higher Education ", Higher Education Workshop, Dub, March, 2003.

− Warn, James, and Paul Tranter (2001). "Measuring Quality in Higher Education: a Competency Approach", Carfax Publishing Company, Taylor & Francis Croup, Vol.7, No.3, p 191-198.

− Watson, Paul, (2002). "Implementing the European Foundation for Quality Management Excellence Model ", FIG XXII International Congress , Washington, D.C. USA.

− Xue, Shimming, (1999). "Effective Practices of Continuous Improvement in United States Colleges and Universities", DAI-A 59/07.P229.

المحلقات

ملحق (١)

إستبانة الدراسة

الجامعة الأردنية

كلية الدراسات العليا

قسم الإدارة التربوية

بســم اللـه الرحمن الرحيـم

حضرة الأستاذ   .... المحترم

تحية طيبة وبعد:

ستقوم الباحثة بدراسة تهدف إلى تطوير معايير تميز للمستوى الجامعي في مؤسسات التعليم العالي في الأردن، وذلك من اجل استكمال متطلبات الحصول على درجة الدكتوراة في الإدارة التربوية.

وبـالنظر لمـا تتمتعون بـه مـن خـبرة علميـة واسـعة في مجـال الإدارة تتوجـه الباحثة لحضرتكم بقراءة فقرات الاستبانة وإبداء رأيكـم عـن درجة مناسبة مضامينها كمعيـار مـن معايير التميز في المجالات الواردة في الاستبانة وبيان التعديل المقترح في حـال احتيـاج الفقرة إلى تعديل، علمـا بأن مقياس الفقرة هو أوافق بشدة، أوافق، غـير متأكـد، لا أوافـق، لا أوافق بشدة.

المقصود بالتميز: الجودة في تقديم الخدمات المطلوبة بفعالية والرقي لمستوى توقعات ورغبات المسـتفيدين وتحقيـق رضـاهم التـام حاضرا ومستقبلا، وذلك مـن خـلال التحسـين والتطوير المستمر والالتزام بمتطلبات ومعايير الأداء.

مع الشكر الجزيل لتعاونكم

الباحثة: أمل عـقل

أرجو تعبئة المعلومات أدناه:

اسم الجامعة						
١-	الأردنية		٥-	آل البيت	
٢-	اليرموك		٦-	الهاشمية	
٣-	مؤتة		٧-	البلقاء	
٤-	العلوم والتكنولوجيا		٨-	الحسين	

المسمى الوظيفي					
١-	عميد		٣-	مدير وحدة إدارية	
٢-	رئيس القسم الأكاديمي				

سنوات الخبرة					
١-	١-٥		٣-	١١ – ١٥	
٢-	٦ – ١٠		٤-	١٦ فما فوق	

(١) القيادة: كيف تعمل القيادة على تطوير وتسهيل تحقيق رسالة الجامعة ورؤيتها بشكل فاعل , وتطوير وتعزيز القيم الأساسية الملاءمة للجامعة والمطلوبة للنجاح طويل الأمد وتنفيذ ذلك عبر أعمال وسلوكيات مناسبة, وان تكون القيادة معنية في التأكيد على تطوير نظام إدارة المؤسسة وتنفيذه .	مناسبة بدرجة كبيرة	مناسبة	مناسبة بدرجة متوسطة	غيرمناسبة	ملاحظات مقترح التعديل
١. التوصيف الواضح لمهمة/العمادة/القسم/ الدائرة.					
٢. النظرة المستقبلية المشتركة للرؤى لتحقيق الأهداف .					
٣. الوضوح في تعريف الخطط والأهداف.					
٤. الوضوح في الأولويات الموجودة في العمادة /القسم /الدائرة لدى رئاسة الجامعة .					
٥. الاتفاق الجماعي للأولويات المطروحة في العمادة/ القسم /الدائرة مع رئاسة الجامعة.					
٦. الاهتمام الواضح بالتغذية الراجعة لتحسين الممارسة في العمل.					
٧. السرعة في الاستجابة من قبل القيادة للاهتمامات العامة.					
٨. دور القيادة الواضح في ربط الجامعة بالمجتمع المحلي.					
٩. اهتمام القيادة بخطط الجامعة المستقبلية .					
١٠. تطوير القيادة للمهام والرؤى.					
١١. تطور القيادة في الجامعة علاقات مبنية على القيم وثقافة التميز.					
١٢. مشاركة القيادة في عمليات تحسين إدارة الجامعة وتطويرها .					
١٣. عمليات الاتصال البناءة بين القيادة والمستفيدين وممثلي المجتمع المحلي.					
١٤. استخدام القيادة أساليب التحفيز والتقدير والدعم الإيجابي لأفراد الجامعة.					

٢) التخطيط الاستراتيجي : كيف تنفذ الجامعة رسالتها ورؤيتها من خلال استراتيجية واضحة وفاعلة تركز على المستفيدين وموجهة من خلال سياسات الجامعة وخططها واهدافها وغاياتها واجراءاتها.	مناسبة بدرجة كبيرة	مناسبة	مناسبة بدرجة متوسطة	غيرمناسبة	ملاحظات مقترح التعديل
١. وجود عمليات تخطيط رسمية للعمادة /القسم /الدائرة.					
٢. ترجمة خطط العمادة /القسم /الدائرة الى خطوات عمل مكتوبة .					
٣. تمثيل خطط العمادة/القسم /الدائرة للقيم والرؤى الخاصة بالجامعة .					
٤. احتواء خطط العمادة /القسم /الدائرة على أهداف يمكن قياسها					
٥. اشراك الكادر الوظيفي في العمادة /القسم /الدائرة في تطوير خطط الجامعة وتنفيذها.					
٦. اتفاق اهداف وخطط العمادة / القسم /الدائرة مع أهداف وخطط المؤسسات والمعاهد الكبرى .					
٧. اعتماد التخطيط على احتياجات العمادة / القسم / الدائرة الحاضرة والمستقبلية .					
٨. اعتماد الخطط في العمادة /القسم /الدائرة على توقعات المستفيدين من الجامعة .					
٩. اعتماد الاستراتيجيات في العمادة / القسم / الدائرة على معلومات مرتبطة بالبحث والابداع والتعلم					
١٠. مراجعة الخطط وتعديلها وتحسينها حسب المطلوب .					
١١. استفادة خطط واستراتيجيات العمادة /القسم / الدائرة من بيانات قياس الاداء السابقة .					
١٢. التنفيذ للخطط والاستراتيجيات في العمادة / القسم /الدائرة من خلال الانشطة والفعاليات .					

١٣. نشر الاستراتيجية من خلال نظام تبادل المعلومات بالجامعة .					
١٤. اعتماد العمادة/ القسم / الدائرة أسلوب التخطيط لتحقيق الأهداف					
٣) التركيز الخارجي: ما تقوم به الجامعة من عمليات هادفة لتحقيق رضا متلقي الخدمة والمتعاملين معه	مناسبة بدرجة كبيرة	مناسبة	مناسبة بدرجة متوسطة	غيرمناسبة	ملاحظات مقترح التعديل
١. الطريقة النظامية في (العمادة/القسم/الدائرة) لدراسة احتياجات وتوقعات المستفيدين من البرامج والخدمات الجامعية.					
٢. ادراك (العمادة /القسم/الدائرة) لاحتياجات المستفيدين المحددة من برامجها وخدماتها .					
٣. وضع (العمادة/القسم/الدائرة) في اعتبارها توقعات وأولويات المستفيدين					
٤. عمليات جمع المعلومات من المجتمع المحلي والمستفيدين وتحليلها.					
٥. الإفادة من دراسة احتياجات المستفيدين في تحسين وتطوير البرامج والخدمات الجامعية المقدمة لهم.					
٦. العلاقات البناءة والمتبادلة مع المستفيدين من البرامج والخدمات.					
٧. التزام (العمادة/القسم/الدائرة) بتحسين سمعتها لدى المستفيدين من البرامج والخدمات.					
٨. تقديم (العمادة/القسم/الدائرة) المعلومات الكاملة والدقيقة والواقعية للطلبة والمجتمع المحلي .					
٩. اصدار الجامعة دليلا شاملا تقدم فيه نفسها بطريقة واضحة وكاملة.					
١٠. اصدار الجامعة منشورات لتوضيح الجوانب الأكاديمية والإدارية فيها .					
١١. اصدار الجامعة منشورات للتعريف بالهيئة التدريسية والإدارية فيها .					

١٢. اعتبار رضى الطلبة والمجتمع المحلي من الأولويات المهمة لدى العمادة/القسم/الدائرة).					
٤) المعلومات وتحليلها: كيف تعمل الجامعة على جمع المعلومات و تحليلها	مناسبة بدرجة كبيرة	مناسبة	مناسبة بدرجة متوسطة	غير مناسبة	ملاحظات مقترح التعديل
١. الاعتماد في/العمادة /القسم / الدائرة على أساليب المسح الميداني للحصول على معلومات عن مدى ملائمة خدماتها للمستفيدين .					
٢. وجودمعايير محددة لتقييم فعالية برامج العمادة / القسم / الدائرة					
٣. وجود معايير محددة لتقييم الخدمات والأنشطة التي تقدمها العمادة / القسم / الدائرة .					
٤. الاتفاق المشترك والواضح حول المعايير المستخدمة لتقييم فعالية العمادة /القسم / الدائرة .					
٥. استخدام الأساليب الفعالة لدى العمادة / القسم / الدائرة لجمع المعلومات حول تحقيق النتائج والإنجازات .					
٦. وجود الاساليب العلمية لدى العمادة / القسم / الدائرة لمعرفة التقدم نحو الأهداف قصيرة وطويلة المدى .					
٧. الإستفادة من المعلومات التي تم جمعها في تحليل ومراجعة الأداء .					
٨. ا لاستخدام الامثل للمعلومات لتحسين الخطط المستقبلية للعمادة / القسم / الدائرة .					
٩. الإستفادة من المعلومات في توجيه الأهداف والرؤى المستقبلية للعمادة / القسم / الدائرة .					
١٠. وجود عمليات تبادل للمعلومات مع مؤسسات تعليم عالي أخرى لتقييم التقدم.					
١١. وجود نظام إعلام داخلي لتعريف الكادر الوظيفي بالمعلومات الخاصة بالعمادة / القسم /الدائرة .					

١٢. الإستفادة من النظام الإعلامي الداخلي لتعريف الكادر الوظيفي بالمهام والمسؤوليات المنوطة بهم .					
١٣. التقييم لاستراتيجية العمل في العمادة /القسم / الدائرة بالاعتماد على المعلومات المتوافرة .					
١٤. بناء نظام معلومات في العمادة / القسم / الدائرة خاص بالمستفيدين لجمع المعلومات الشخصية عنهم .					
١٥. وجود نظام معلوماتي في العمادة / القسم / الدائرة يفيد الطلبة والمستفيدين لتقديم رغباتهم وشكاويهم ومستوى رضاهم .					
١٦. معالجة العمادة / القسم / الدائرة لشكاوي وملاحظات الطلبة والمستفيدين بإعطائها الأولوية في المناقشات المتعلقة بالجودة .					

٥) هيئة التدريس / الكادر الوظيفي : كيف تعمل الجامعة على إدارة وتطوير ونشر المعرفة والإمكانات الكاملة لموظفيها عند المستوى الفردي الذي يعتمد على الفريق وعلى نطاق الجامعة	مناسبة بدرجة كبيرة	مناسبة	مناسبة بدرجة متوسطة	غير مناسبة	ملاحظات مقترح التعديل
١. اتاحة العمادة / القسم / الدائرة الفرصة لأعضاء هيئة التدريس / الكادر الوظيفي لتطوير إمكانياتهم وقدراتهم .					
٢. اعطاء العمادة/ القسم /الدائرة الفرصة لأعضاء هيئة التدريس / الكادر الوظيفي للمساهمة بفعالية في نشاطاتها وفعالياتها .					
٣. تشجع العمادة / القسم / الدائرة التميز والتطور المهني للعاملين فيها .					
٤. وجود طرائق فعالة في العمادة / القسم / الدائرة لتقييم المساهمات الفردية والجماعية وتمييزها.					
٥. وجود نظام في العمادة /القسم / الدائرة لتقييم مناخ العمل ورضى أعضاء هيئة التدريس/ الكادر الوظيفي .					

٦. توفر العمادة / القسم / الدائرة لوائح وتعليمات لتوضيح مسؤولية وواجبات أعضاء هيئة التدريس/ الكادر الوظيفي.					
٧. دعم الجامعة الحريات الأكاديمية لأعضاء هيئة التدريس .					
٨. التخطيط لادارة وتحسين موارد أعضاء هيئة التدريس/ الكادر الوظيفي .					
٩. تطوير ودعم العمادة / القسم / الدائرة لمعرفة وكفاءات هيئة التدريس /الكادر الوظيفي .					
١٠. ممارسة العمادة / القسم / الدائرة لأسلوب التفويض والمشاركة لأعضاء هيئة التدريس/ الكادر الوظيفي .					
١١. اتاحة العمادة / القسم / الدائرة لفرص التواصل بينها وبين أعضاء هيئة التدريس/الكادر الوظيفي .					
١٢. وجود نظام للمكافآت والحوافز التشجيعية لأعضاء هيئة التدريس/ الكادر الوظيفي.					
١٣. وجود هيئة في العمادة / القسم / الدائرة من مهنيين مؤهلين لتنظيم وتطوير ومراقبة برامج المؤسسة التعليمية والبحثية والخدمية.					
١٤. وجود هيئة في العمادة / القسم / الدائرة لتنظيم ومراقبة البرامج والخدمات التعليمية المقدمة للطلبة.					
١٥. وجود هيئة في العمادة / القسم / الدائرة لدعم البحث العلمي وتطويره .					
٦) فعالية العملية : كيف تعمل المؤسسة على تصميم وادارة وتحسين عملياتها من اجل دعم سياساتها واستراتيجيتها لتسهم في زيادة رضا متلقي الخدمة.	مناسبة بدرجة كبيرة	مناسبة	مناسبة بدرجة متوسطة	غيرمناسبة	ملاحظات مقترح التعديل
١. محافظة (العمادة/القسم/الدائرة) على معايير متميزة في برامجها وخدماتها.					

٢. التميز بإجراءات عمل في (العمادة/القسم/الدائرة) كفوءة وفعالة					
٣. التوثيق الجيد لإجراءات العمل في العمادة /القسم /الدائرة.					
٤. اتباع الإجراءات الموثقة والمعيارية باستمرار في العمل.					
٥. المواصفات المعيارية الجيدة لإنجاز العمل في (العمادة/القسم/الدائرة).					
٦. المراجعة المنتظمة لإجراءات العمل وتحسينها .					
٧. اهتمام (العمادة/القسم/الدائرة) بالإستفادة من الأفكار الإبداعية والتجديدية لتحسين إجراءات العمل .					
٨. التحسين المستمر في العمادة/القسم/الدائرة) لإجراءات العمل لارضاء وتوليد القيمة المضافة للطلبة والمستفيدين .					
٩. تصميم إجراءات العمل والخدمات المقدمة وفق احتياجات الأفراد والمستفيدين منها وتوقعاتهم .					
١٠. وجود هيئة في (العمادة/القسم/الدائرة) لادارة وتعزيز العلاقات مع الطلبة والمجتمع المحلي .					

٧) النتـائج والإنجازات :	مناسبة بدرجة كبيرة	مناسبة	مناسبة بدرجة متوسطة	غير مناسبة	ملاحظات مقترح التعديل
١. وجود الوثائق الموضوعية في (العمادة / القسم/ الدائرة) التي تشير الى النجاح في تحقيق الرؤى والأهداف.					
٢. وجود نظام لدى(العمادة / القسم/ الدائرة) لتقرير النتائج المرتبطة بالمهام والخطط التي تم تحقيقها.					
٣. البرامج والخدمات المقدمة من (العمادة / القسم/ الدائرة) تتميز برضى الطلبة والمستفيدين .					

٤. الإدراك من قبل الطلبة والمستفيدين بانسجام البرامج والخدمات المقدمة من (العمادة / القسم/ الدائرة) مع احتياجاتهم وتوقعاتهم .					
٥. المناخ التنظيمي الإيجابي في (العمادة / القسم/ الدائرة) الذي يحظى برضى أعضاء هيئة التدريس/الكادر الوظيفي.					
٦. مقارنة نتائج (العمادة / القسم/ الدائرة) مع نتائج جامعات أخرى على نحو إيجابي.					
٨) المؤشـــــــرات					
١. نسبة عدد الطلبة لكل عضو هيئة تدريس					
٢. مؤهلات اعضاء هيئة التدريس المتخصصة					
٣. تفرغ اعضاء هيئة التدريس					
٤. نسبة اعضاء هيئة التدريس من حملة الدكتوراة الى عدد البرامج التي تعطي شهادة بكالوريوس					
٥. نسبة غير المتفرغين من اعضاء هيئة التدريس الى المتفرغين					
٦. العبء التدريسي لاعضاء هيئة التدريس					
٧. عدد البرامج التي تقدمها الجامعة					
٨. نسبة مجموع اجهزة الحاسوب المتوفرة لاستعمال الطلبة الى العدد الكلي للطلبة .					
٩. نسبة الطلبة الجدد الى المتوقع تخرجهم في نفس العام .					
١٠. نسبة الناتج البحثي المحكم إلى المتفرغين من حملة الدكتوراه خلال السنة.					
١١. عدد المجلات العلمية المتوفرة نسبة إلى عدد الطلبة.					

					١٢. علاقة الجامعة مع مؤسسات تعليم عالمية.
					١٣. معدل الإنفاق على الطلبة.
					١٤. معدل الإنفاق على البحوث
					١٥. السمعة الأكاديمية للجامعة
					١٦. معدل على الإنفاق على التسهيلات

ملحق رقم (٢)
استبانة قياس التميز

دائمًا	غالبا	أحيانا	نادرا	لا أعرف	١) القيادة: كيـف تعمـل القيـادة علـى تطويـر وتسـهيل تحقيق رسالة الجامعة ورؤيتها بشـكل فاعـل, وتطويـر وتعزيـز القيـم الأسـسية الملاءمـة للجامعة والمطلوبة للنجاح طويل الأمد وتنفيـذ ذلك عبر أعمال وسلوكيات مناسبة, وأن تكـون القيادة معنية في التأكيد على تطوير نظام إدارة المؤسسة وتنفيذه.
					١. هنالـــك توصـــيف واضــح لمهمة/العمادة/القسم/ الوحدة.
					٢. هنالك نظرة مستقبلية مشتركة للرؤى لتحقيق الأهداف.
					٣. الخطط والأهداف واضحة التعريف.
					٤. هنالك وضوح في الأولويات الموجودة في العمـادة /القسم /الوحـدة لـدى رئاسـة الجامعة.
					٥. يوجد اتفاق جماعي للأولويات المطروحـة في العمـادة/ القسـم /الوحـدة مـع رئاسـة الجامعة.
					٦. هنالك اهتمام واضح بالتغذية الراجعة لتحسين الممارسة في العمل.
					٧. هنالـك سرعـة استجابة مـن قبـل القيـادة للاهتمامات العامة.
					٨. لدى القيادة دور واضح في ربط الجامعـة بالمجتمع المحلي.
					٩. لدى القيادة اهتمام بخطط الجامعـة المستقبلية.
					١٠. عمل القيادة على تطوير المهام والرؤى.
					١١. تطور القيادة في الجامعة علاقات مبنيـة على القيم وثقافة التميز.

١٢. تشارك القيادة في عمليات تحسين وتطوير إدارة الجامعة.					
١٣. هنالك عمليات اتصال بناءة بين القيادة والمستفيدين وممثلي المجتمع المحلي.					
١٤. تستخدم القيادة أساليب التحفيز والتقدير والدعم الإيجابي لأفراد الجامعة.					
٢) التخطيط الاستراتيجي: كيف تنفذ الجامعة رسالتها ورؤيتها من خلال استراتيجية واضحة وفاعلة تركز على المستفيدين وموجهة من خلال سياسات الجامعة وخططها واهدافها وغاياتها واجراءاتها .	لا أعرف	نادرا	أحيانا	غالبا	دائما
١. لدى العمادة /القسم /الوحدة عمليات تخطيط رسمية .					
٢. ترجم خطط العمادة /القسم /الوحدة الى خطوات عمل مكتوبة					
٣. تمثل خطط العمادة/القسم /الوحدة القيم والرؤى الخاصة بالجامعة .					
٤. تحتوي خطط العمادة /القسم /الوحدة على أهداف يمكن قياسها.					
٥. يشترك الكادر الوظيفي في العمادة /القسم /الوحدة في تطوير وتنفيذ خطط الجامعة .					
٦. تتفق اهداف وخطط العمادة / القسم /الوحدة مع أهداف وخطط المؤسسات والمعاهد الكبرى.					
٧. يعتمد التخطيط على احتياجات العمادة / القسم / الوحدة الحاضرة والمستقبلية .					
٨. تعتمد خطط العمادة /القسم /الوحدة على توقعات المستفيدين					

من الجامعة .					
٩. تعتمد استراتيجيات العمادة / القسم / الوحدة على معلومات مرتبطة بالبحث والابداع والتعلم					
١٠. هنالك عمليات مراجعة للخطط وتعديلها وتحسينها حسب المطلوب .					
١١. تستفيد خطط واستراتيجيات العمادة /القسم / الوحدة من بيانات قياس الاداء السابقة.					
١٢. يتم تنفيذ خطط واستراتيجيات العمادة / القسم /الوحدة من خلال الانشطة والفعاليات .					
١٣.يتم نشر الاستراتيجية من خلال نظام تبادل المعلومات بالجامعة .					
١٤. تعتمد العمادة/ القسم / الوحدة أسلوب التخطيط لتحقيق أهدافها					
٣) التركيز الخارجي: ما تحققه الجامعة فيما يتعلق بزبائنها الخارجيين	لا أعرف	نادرا	أحيانا	غالبا	دائما
١. لدى (العمادة/القسم/الوحدة)طريقة نظامية لدراسة احتياجات وتوقعات المستفيدين من البرنامج والخدمات الجامعية.					
٢. تدرك (العمادة /القسم/الوحدة) الاحتياجات المحددة للمستفيدين من برامجها وخدماتها .					
٣. تضع (العمادة/القسم/الوحدة) في اعتبارها توقعات وأولويات المستفيدين .					
٤. هنالك عملية لجمع المعلومات من المجتمع المحلي والمستفيدين وتحليلها.					
٥. تتم الإفادة من دراسة احتياجات المستفيدين في تحسين وتطوير					

البرامج والخدمات الجامعية المقدمة لهم.					
٦. هنالك علامات بناءة ومتبادلة مع المستفيدين من البرامج والخدمات.					
٧. تلزم (العمادة/القسم/الوحدة) بتحسين سمعتها لدى المستفيدين من البرامج والخدمات.					
٨. تقدم (العمادة/القسم/الوحدة) المعلومات الكاملة والدقيقة والواقعية للطلبة والمجتمع المحلي .					
٩. تصدر الجامعة دليلا شاملا تقدم فيه نفسها بطريقة واضحة وكاملة.					
١٠. تصدر الجامعة منشورات لتوضيح الجوانب الأكاديمية والإدارية فيها .					
١١. تصدر الجامعة منشورات للتعريف بالهيئة التدريسية والإدارية فيها .					
١٢. يعتبر رضى الطلبة والمجتمع المحلي من الأولويات المهمة لدى (العمادة/القسم/الوحدة).					
٤) المعلومات وتحليلها: كيف تعمل الجامعة على جمع المعلومات وتحليلها	لا أعرف	نادرا	أحيانا	غالبا	دائما
١. تعتمد /العمادة /القسم / الوحدة على أساليب المسح الميداني للحصول على معلومات عن مدى ملائمة خدماتها للمستفيدين .					
٢. هنالك معايير محددة لتقييم فعالية برامج العمادة / القسم / الوحدة					
٣. توجد معايير محددة لتقييم الخدمات والأنشطة التي تقدمها					

					العمادة / القسم / الوحدة .
					٤. هنالك اتفاق مشترك وواضح حول المعايير المستخدمة لتقييم فعالية العمادة /القسم / الوحدة.
					٥. هنالك أساليب فعالة لدى العمادة / القسم / الوحدة لجمع معلومات حول تحقيق النتائج والإنجازات .
					٦. توجد لدى العمادة / القسم / الوحدة أساليب علمية لمعرفة التقدم نحو الأهداف قصيرة وطويلة المدى .
					٧. تتم الإفادة من المعلومات التي تم جمعها في تحليل ومراجعة الأداء .
					٨. يتم استخدام المعلومات لتحسين الخطط المستقبلية للعمادة / القسم / الوحدة.
					٩. يتم الإفادة من المعلومات في توجيه الأهداف والرؤى المستقبلية للعمادة / القسم / الوحدة
					١٠. هنالك عمليات تبادل للمعلومات مع مؤسسات تعليم عالي أخرى لتقييم التقدم .
					١١. هنالك نظام إعلام داخلي لتعريف الكادر الوظيفي بالمعلومات الخاصة بالعمادة / القسم /الوحدة .
					١٢. يتم الإفادة من النظام الإعلامي الداخلي لتعريف الكادر الوظيفي بالمهام والمسؤوليات المنوطة بهم .
					١٣. يتم تقييم استراتيجية العمل في العمادة /القسم / الوحدة بالاعتماد على المعلومات المتوافرة .
					١٤. تقوم العمادة / القسم / الوحدة ببناء نظام معلومات خاص بالمستفيدين لجمع المعلومات الشخصية عنهم .
					١٥. يوجد نظام معلوماتي في العمادة /

القسم / الوحدة يفيد الطلبة والمستفيدين لتديم رغباتهم وشكاويهم ومستوى رضاهم .					
١٦.تعالج العمادة / القسم / الوحدة شكاوي وملاحظات الطلبة والمستفيدين بإعطائها الأولوية في المناقشات المتعلقة بالجودة .					
٥) هيئة التدريس / الكادر الوظيفي كيف تعمل الجامعة على إدارة وتطوير ونشر المعرفة والإمكانات الكاملة لموظفيها عند المستوى الفردي الذي يعتمد على الفريق وعلى نطاق الجامعة.	لا أعرف	نادرا	أحيانا	غالبا	دائما
١. تتيح العمادة / القسم / الوحدة فرصة لأعضاء هيئة التدريس / الكادر الوظيفي لتطوير إمكانياتهم وقدراتهم .					
٢. تعطي العمادة/ القسم /الوحدة الفرصة لأعضاء هيئة التدريس / الكادر الوظيفي للمساهمة بفعالية في نشاطاتها وفعالياتها .					
٣. تشجع العمادة / القسم / الوحدة التميز والتطور المهني للعاملين فيها.					
٤. توجد لدى العمادة / القسم / الوحدة طرق فعالة لتقييم وتمييز المساهمات الفردية والجماعية .					
٥. يوجد لدى العمادة /القسم / الوحدة نظام لتقييم مناخ العمل ورضى أعضاء هيئة التدريس/ الكادر الوظيفي.					
٦. تتوفر لدى العمادة / القسم / الوحدة لوائح وتعليمات لتوضيح مسؤولية وواجبات أعضاء هيئة التدريس/ الكادر الوظيفي.					

٧. تعمل الجامعة على دعم الحريات الأكاديمية لأعضاء هيئة التدريس .					
٨. هنالك عمليات تخطيط لادارة وتحسين موارد أعضاء هيئة التدريس/ الكادر الوظيفي .					
٩. تعمل العمادة / القسم / الوحدة على تطوير ودعم معرفة وكفاءات هيئة التدريس /الكادر الوظيفي .					
١٠. تمارس العمادة / القسم / الوحدة أسلوب التفويض والمشاركة لأعضاء هيئة التدريس/ الكادر الوظيفي .					
١١. تتيح العمادة / القسم / الوحدة فرص للتواصل بينها وبين أعضاء هيئة التدريس/الكادر الوظيفي .					
١٢. هنالك نظام للمكافآت والحوافز التشجيعية لأعضاء هيئة التدريس/ الكادر الوظيفي.					
١٣. توجد لدى العمادة / القسم / الوحدة هيئة من مهنيون مؤهلون لتنظيم وتطوير ومراقبة برامج المؤسسة التعليمية والبحثية والخدمية.					
١٤. توجد لدى العمادة / القسم / الوحدة هيئة لتنظيم ومراقبة البرامج والخدمات التعليمية المقدمة للطلبة.					
١٥. توجد لدى العمادة / القسم / الوحدة هيئة لدعم البحث العلمي وتطويره .					
٦) فعالية العملية : كيف تعمل المؤسسة على تصميم وادارة وتحسين عملياتها من اجل دعم سياساتها واستراتيجيتها وترضي وتولد	لا أعرف	نادرا	أحيانا	غالبا	دائما

القيمة المتزايدة لزبائنها .					
١. تحافظ (العمادة/القسم/الوحدة) على معايير متميزة في برامجها وخدماتها.					
٢. تتميز إجراءات العمل في (العمادة/القسم/الوحدة) بالكفاءة والفعالية .					
٣. هنالك عمليات توثيق بشكل جيد لإجراءات العمل في (العمادة/القسم/الوحدة).					
٤. يتم اتباع الإجراءات الموثقة والمعيارية باستمرار في العمل.					
٥. يتم إنجاز العمل في (العمادة/القسم/الوحدة) بمواصفات معيارية جيدة .					
٦. يتم مراجعة إجراءات العمل وتحسينها بشكل منتظم.					
٧. تهتم (العمادة/القسم/الوحدة) بالإفادة من الأفكار الإبداعية والتجديدية لتحسين إجراءات العمل.					
٨. تعمل (العمادة/القسم/الوحدة) على تحسين إجراءات العمل لارضاء وتوليد القيمة المضافة للطلبة والمستفيدين.					
٩. يتم تصميم إجراءات العمل والخدمات المقدمة وفق احتياجات الأفراد والمستفيدين منها وتوقعاتهم.					
١٠. يوجد لدى (العمادة/القسم/الوحدة) هيئة لادارة وتعزيز العلاقات مع الطلبة والمجتمع المحلي.					
٧) النتائج والإنجازات :	لا أعرف	نادرا	أحيانا	غالبا	دائما
١. لدى (العمادة / القسم/ الوحدة) وثائق موضوعية تشير إلى النجاح في تحقيق الرؤى والأهداف.					

٢. يوجد لدى (العمادة / القسم/ الوحدة) نظام لتقرير النتائج المرتبطة بالمهام والخطط التي تم تحقيقها.					
٣. تتميز البرامج والخدمات المقدمة من (العمادة / القسم/ الوحدة) بالرضى من قبل الطلبة والمستفيدين .					
٤. هنالك إدراك من قبل الطلبة والمستفيدين بانسجام البرامج والخدمات المقدمة من (العمادة / القسم/ الوحدة) مع احتياجاتهم وتوقعاتهم .					
٥. تتميز (العمادة / القسم/ الوحدة) بالمناخ التنظيمي الإيجابي الذي يحظى برضى أعضاء هيئة التدريس/الكادر الوظيفي.					
٦. هنالك مقارنة لنتائج (العمادة / القسم/ الوحدة) مع نتائج جامعات أخرى على نحو إيجابي.					
8) المؤشرات	لا أعرف	نادرا	أحيانا	غالبا	دائما
١. نسبة عدد الطلبة لكل عضو هيئة تدريس					
٢. مؤهلات اعضاء هيئة التدريس					
٣. تفرغ اعضاء هيئة التدريس					
٤. نسبة اعضاء هيئة التدريس من حملة الدكتوراة الى عدد البرامج التي تعطي شهادة بكالوريوس					
٥. نسبة غير المتفرغين من اعضاء هيئة التدريس الى المتفرغين					
٦. العبء التدريسي لاعضاء هيئة التدريس					
٧. عدد البرامج التي تقدمها					

الجامعة				
٨. نسبة مجموع اجهزة الحاسوب المتوفرة لاستعمال الطلبة الى العدد الكلي للطلبة .				
٩. نسبة الطلبة الجدد الى المتوقع تخرجهم في نفس العام .				
١٠. نسبة الناتج البحثي المحكم الى المتفرغين من حملة الدكتوراة خلال سنة .				
١١. عدد المجلات العلمية المتوفرة نسبة الى عدد الطلبة .				
١٢. علاقة الجامعة مع مؤسسات تعليم عالمية				
١٣. معدل الانفاق على الطلبة				
١٤. معدل الانفاق على البحوث				
١٥. السمعة الاكاديمية للجامعة				
١٦. معدل الانفاق على التسهيلات				

ملحق رقم (٣)

LSD / ANOVA

Descriptive Statistics

	N	Mean	Std. Deviation
Q1_1	230	3.2391	.7294
Q1_2	230	3.0304	.7263
Q1_3	230	3.1261	.8021
Q1_4	230	3.0435	.8904
Q1_5	230	2.9609	.8218
Q1_6	230	2.9304	.8588
Q1_7	230	2.9043	.8251
Q1_8	230	3.1174	.7587
Q1_9	230	3.2870	.7150
Q1_10	230	3.0739	.7410
Q1_11	230	2.9783	.8330
Q1_12	230	3.1174	.7354
Q1_13	229	3.0087	.8271
Q1_14	230	2.8435	.9584
Valid N (listwise)	229		

Descriptive Statistics

	Mean	Std. Deviation
Q2_1	3.1261	.7688
Q2_2	3.0957	.8144
Q2_3	3.1174	.6734
Q2_4	3.0391	.8002
Q2_5	2.9739	.9573
Q2_6	2.9565	.8347
Q2_7	3.0565	.7770
Q2_8	2.8609	.8294
Q2_9	2.9435	.8572
Q2_10	3.1391	.7972
Q2_11	2.9348	.8254
Q2_12	2.9565	.7694
Q2_13	2.8043	.8312
Q2_14	3.0913	.7905

Descriptives

Descriptive Statistics

	Mean	Std. Deviation
Q3_1	2.9565	.7694
Q3_2	3.0000	.7117
Q3_3	3.0043	.7505
Q3_4	2.7739	.8571
Q3_5	2.8565	.8313
Q3_6	2.9435	.7826
Q3_7	3.2043	.6588
Q3_8	3.1913	.7405
Q3_9	3.1739	.7622
Q3_10	3.2391	.7113
Q3_11	3.0826	.7914
Q3_12	3.0913	.8122

Descriptive Statistics

	Mean	Std. Deviation
Q4_1	2.7870	.9858
Q4_2	2.8696	.8567
Q4_3	2.8391	.8743
Q4_4	2.8087	.8555
Q4_5	2.8646	.8346
Q4_6	2.9391	.7906
Q4_7	2.9391	.8389
Q4_8	3.0652	.7875
Q4_9	3.1004	.7215
Q4_10	2.8783	.8681
Q4_11	2.7783	.9005
Q4_12	2.8087	.9336
Q4_13	2.9130	.7937
Q4_14	2.8652	.8535
Q4_15	2.8043	.8722
Q4_16	2.9739	.7815

Descriptives

Descriptive Statistics

	Mean	Std. Deviation
Q5_1	3.2522	.7340
Q5_2	3.2087	.7298
Q5_3	3.2043	.8131
Q5_4	3.0087	.8716
Q5_5	2.9348	.9061
Q5_6	3.1913	.7751
Q5_7	3.0739	.8140
Q5_8	2.9913	.8666

Q5_9	3.0348	.7977
Q5_10	2.9826	.8145
Q5_11	3.1703	.7503
Q5_12	2.7870	1.0207
Q5_13	2.8087	.9382
Q5_14	2.8174	.9492
Q5_15	3.0087	.9251

Descriptives

Descriptive Statistics

	Mean	Std. Deviation
Q6_1	3.1261	.7398
Q6_2	3.0348	.8032
Q6_3	3.1783	.7409
Q6_4	3.1652	.7699
Q6_5	3.0913	.7793
Q6_6	3.0739	.7756
Q6_7	3.1348	.7383
Q6_8	3.1435	.7714
Q6_9	3.0043	.7563
Q6_10	2.9087	.8990

Descriptives

Descriptive Statistics

	Mean	Std. Deviation
Q7_1	2.9694	.8345
Q7_2	2.9000	.8166
Q7_3	2.9348	.7300
Q7_4	3.0174	.7590
Q7_5	3.0522	.7632
Q7_6	2.9389	.8714

Descriptives

Descriptive Statistics

	Mean	Std. Deviation
Q8_1	2.8826	1.0148
Q8_2	3.2739	.7867
Q8_3	3.1652	.7977
Q8_4	3.1659	.7883
Q8_5	3.1087	.8208
Q8_6	3.1087	.8418
Q8_7	3.1478	.7328
Q8_8	3.0696	.8739
Q8_9	3.0739	.7642
Q8_10	2.8304	.9447
Q8_11	2.7686	.9928
Q8_12	3.0522	.8342
Q8_13	2.9170	.9163
Q8_14	2.8652	.9730
Q8_15	3.3609	.6708
Q8_16	2.9913	.7984

Descriptives

Descriptive Statistics

	Mean	Std. Deviation
TOTAL1	3.0470	.5941
TOTAL2	3.0068	.6121
TOTAL3	3.0431	.5426
TOTAL4	2.8897	.6557
TOTAL5	3.0317	.6607
TOTAL6	3.0861	.6173
TOTAL7	2.9688	.6655
TOTAL8	3.0491	.5917
TOTAL	3.0140	.5247

Oneway

Descriptives

		1.00	2.00	3.00	4.00	5.00	6.00	7.00	8.00	Total
TOTAL1	Mean	3.23	3.31	2.99	2.92	2.85	2.94	2.87	3.17	3.05
	Std. Deviation	.55	.61	.70	.55	.44	.60	.59	.51	.59
TOTAL2	Mean	3.14	3.15	3.11	2.76	2.88	2.84	2.99	3.10	3.01
	Std. Deviation	.50	.56	.54	.76	.59	.73	.61	.49	.61
TOTAL3	Mean	3.21	3.12	3.03	2.97	2.92	2.89	3.04	3.11	3.04
	Std. Deviation	.50	.41	.57	.49	.71	.63	.49	.46	.54
TOTAL4	Mean	3.09	2.93	2.93	2.65	2.88	2.78	2.90	2.86	2.89
	Std. Deviation	.56	.47	.76	.77	.67	.72	.54	.63	.66
TOTAL5	Mean	3.22	3.22	3.00	2.71	3.10	2.90	3.09	3.03	3.03
	Std. Deviation	.64	.65	.63	.72	.75	.68	.60	.59	.66
TOTAL6	Mean	3.16	3.04	3.14	2.93	2.94	3.03	3.24	3.11	3.09
	Std. Deviation	.52	.61	.57	.79	.57	.72	.49	.62	.62
TOTAL7	Mean	3.07	3.10	3.01	2.75	2.79	2.84	3.13	3.01	2.97
	Std. Deviation	.68	.63	.58	.74	.62	.72	.56	.68	.67
TOTAL8	Mean	3.19	3.29	3.08	2.98	2.82	2.93	3.11	2.94	3.05
	Std. Deviation	.68	.61	.58	.39	.44	.68	.49	.52	.59
TOTAL	Mean	3.17	3.15	3.03	2.83	2.90	2.89	3.03	3.03	3.01
	Std. Deviation	.49	.46	.52	.58	.47	.62	.45	.45	.52

ANOVA

		Sum of Squares	df	Mean Square	F	Sig.
TOTAL1	Between Groups	5.631	7	.804	2.375	.023
	Within Groups	75.206	222	.339		
	Total	80.837	229			
TOTAL2	Between Groups	4.664	7	.666	1.823	.084
	Within Groups	81.122	222	.365		
	Total	85.785	229			
TOTAL3	Between Groups	2.749	7	.393	1.348	.229
	Within Groups	64.663	222	.291		
	Total	67.413	229			
TOTAL4	Between Groups	3.608	7	.515	1.206	.300
	Within Groups	94.861	222	.427		
	Total	98.469	229			
TOTAL5	Between Groups	5.524	7	.789	1.855	.078
	Within Groups	94.444	222	.425		
	Total	99.968	229			
TOTAL6	Between Groups	1.929	7	.276	.717	.658
	Within Groups	85.327	222	.384		
	Total	87.255	229			
TOTAL7	Between Groups	3.770	7	.539	1.224	.290
	Within Groups	97.646	222	.440		
	Total	101.416	229			
TOTAL8	Between Groups	3.917	7	.560	1.629	.128
	Within Groups	76.266	222	.344		
	Total	80.183	229			
TOTAL	Between Groups	3.007	7	.430	1.589	.140
	Within Groups	60.031	222	.270		
	Total	63.038	229			

Post Hoc Tests

Multiple Comparisons

LSD

Dependent Variable	(I) UNI	(J) UNI	Mean Difference (I-J)	Std. Error	Sig.	95% Confidence Interval	
						Lower Bound	Upper Bound
TOTAL1	1.00	2.00	-8.8372E-02	.1575	.575	-.3988	.2221
		3.00	.2354	.1336	.079	-2.7787E-02	.4987
		4.00	.3067(*)	.1504	.043	1.035E-02	.6030
		5.00	.3783(*)	.1745	.031	3.434E-02	.7223
		6.00	.2890(*)	.1255	.022	4.166E-02	.5364
		7.00	.3595(*)	.1504	.018	6.314E-02	.6558
		8.00	5.104E-02	.1399	.716	-.2246	.3267
	2.00	1.00	8.837E-02	.1575	.575	-.2221	.3988
		3.00	.3238(*)	.1640	.050	5.878E-04	.6471
		4.00	.3950(*)	.1780	.027	4.434E-02	.7457
		5.00	.4667(*)	.1988	.020	7.488E-02	.8585
		6.00	.3774(*)	.1575	.017	6.696E-02	.6879
		7.00	.4478(*)	.1780	.013	9.713E-02	.7985
		8.00	.1394	.1692	.411	-.1940	.4728
	3.00	1.00	-.2354	.1336	.079	-.4987	2.779E-02
		2.00	-.3238(*)	.1640	.050	-.6471	-5.8778E-04
		4.00	7.121E-02	.1571	.651	-.2385	.3809
		5.00	.1428	.1804	.429	-.2127	.4984
		6.00	5.359E-02	.1336	.689	-.2096	.3168
		7.00	.1240	.1571	.431	-.1857	.4337
		8.00	-.1844	.1471	.211	-.4743	.1055
	4.00	1.00	-.3067(*)	.1504	.043	-.6030	-1.0349E-02
		2.00	-.3950(*)	.1780	.027	-.7457	-4.4337E-02
		3.00	-7.1211E-02	.1571	.651	-.3809	.2385
		5.00	7.164E-02	.1932	.711	-.3090	.4523

		6.00	-1.7622E-02	.1504	.907	-.3139	.2787
		7.00	5.280E-02	.1716	.759	-.2854	.3910
		8.00	-.2556	.1625	.117	-.5759	6.464E-02
	5.00	1.00	-.3783(*)	.1745	.031	-.7223	-3.4336E-02
		2.00	-.4667(*)	.1988	.020	-.8585	-7.4883E-02
		3.00	-.1428	.1804	.429	-.4984	.2127
		4.00	-7.1636E-02	.1932	.711	-.4523	.3090
		6.00	-8.9258E-02	.1745	.610	-.4332	.2547
		7.00	-1.8841E-02	.1932	.922	-.3995	.3618
		8.00	-.3273	.1851	.078	-.6921	3.754E-02
	6.00	1.00	-.2890(*)	.1255	.022	-.5364	-4.1663E-02
		2.00	-.3774(*)	.1575	.017	-.6879	-6.6957E-02
		3.00	-5.3588E-02	.1336	.689	-.3168	.2096
		4.00	1.762E-02	.1504	.907	-.2787	.3139
		5.00	8.926E-02	.1745	.610	-.2547	.4332
		7.00	7.042E-02	.1504	.640	-.2259	.3667
		8.00	-.2380	.1399	.090	-.5136	3.762E-02
	7.00	1.00	-.3595(*)	.1504	.018	-.6558	-6.3144E-02
		2.00	-.4478(*)	.1780	.013	-.7985	-9.7132E-02
		3.00	-.1240	.1571	.431	-.4337	.1857
		4.00	-5.2795E-02	.1716	.759	-.3910	.2854
		5.00	1.884E-02	.1932	.922	-.3618	.3995
		6.00	-7.0417E-02	.1504	.640	-.3667	.2259
		8.00	-.3084	.1625	.059	-.6287	1.185E-02
	8.00	1.00	-5.1037E-02	.1399	.716	-.3267	.2246
		2.00	-.1394	.1692	.411	-.4728	.1940
		3.00	.1844	.1471	.211	-.1055	.4743
		4.00	.2556	.1625	.117	-6.4644E-02	.5759
		5.00	.3273	.1851	.078	-3.7542E-02	.6921
		6.00	.2380	.1399	.090	-3.7617E-02	.5136

					02		
		7.00	.3084	.1625	.059	-1.1849E-02	.6287
TOTAL2	1.00	2.00	-1.9103E-03	.1636	.991	-.3243	.3205
		3.00	3.107E-02	.1387	.823	-.2423	.3045
		4.00	.3868(*)	.1562	.014	7.901E-02	.6945
		5.00	.2636	.1813	.147	-9.3664E-02	.6208
		6.00	.3007(*)	.1304	.022	4.375E-02	.5576
		7.00	.1569	.1562	.316	-.1508	.4647
		8.00	4.353E-02	.1453	.765	-.2427	.3298
	2.00	1.00	1.910E-03	.1636	.991	-.3205	.3243
		3.00	3.298E-02	.1703	.847	-.3027	.3687
		4.00	.3887(*)	.1848	.037	2.444E-02	.7529
		5.00	.2655	.2065	.200	-.1414	.6724
		6.00	.3026	.1636	.066	-1.9855E-02	.6250
		7.00	.1589	.1848	.391	-.2054	.5231
		8.00	4.544E-02	.1757	.796	-.3008	.3917
	3.00	1.00	-3.1073E-02	.1387	.823	-.3045	.2423
		2.00	-3.2983E-02	.1703	.847	-.3687	.3027
		4.00	.3557(*)	.1632	.030	3.406E-02	.6773
		5.00	.2325	.1874	.216	-.1368	.6017
		6.00	.2696	.1387	.053	-3.8002E-03	.5430
		7.00	.1259	.1632	.441	-.1958	.4475
		8.00	1.246E-02	.1528	.935	-.2887	.3136
	4.00	1.00	-.3868(*)	.1562	.014	-.6945	-7.9012E-02
		2.00	-.3887(*)	.1848	.037	-.7529	-2.4440E-02
		3.00	-.3557(*)	.1632	.030	-.6773	-3.4058E-02
		5.00	-.1232	.2006	.540	-.5186	.2722
		6.00	-8.6090E-02	.1562	.582	-.3938	.2217
		7.00	-.2298	.1783	.199	-.5811	.1215
		8.00	-.3432(*)	.1688	.043	-.6758	-1.0598E-02

	5.00	1.00	-.2636	.1813	.147	-.6208	9.366E-02
		2.00	-.2655	.2065	.200	-.6724	.1414
		3.00	-.2325	.1874	.216	-.6017	.1368
		4.00	.1232	.2006	.540	-.2722	.5186
		6.00	3.710E-02	.1813	.838	-.3201	.3943
		7.00	-.1066	.2006	.596	-.5020	.2887
		8.00	-.2200	.1923	.254	-.5989	.1588
	6.00	1.00	-.3007(*)	.1304	.022	-.5576	-4.3746E-02
		2.00	-.3026	.1636	.066	-.6250	1.985E-02
		3.00	-.2696	.1387	.053	-.5430	3.800E-03
		4.00	8.609E-02	.1562	.582	-.2217	.3938
		5.00	-3.7099E-02	.1813	.838	-.3943	.3201
		7.00	-.1437	.1562	.358	-.4515	.1640
		8.00	-.2571	.1453	.078	-.5434	2.912E-02
	7.00	1.00	-.1569	.1562	.316	-.4647	.1508
		2.00	-.1589	.1848	.391	-.5231	.2054
		3.00	-.1259	.1632	.441	-.4475	.1958
		4.00	.2298	.1783	.199	-.1215	.5811
		5.00	.1066	.2006	.596	-.2887	.5020
		6.00	.1437	.1562	.358	-.1640	.4515
		8.00	-.1134	.1688	.502	-.4460	.2192
	8.00	1.00	-4.3533E-02	.1453	.765	-.3298	.2427
		2.00	-4.5443E-02	.1757	.796	-.3917	.3008
		3.00	-1.2460E-02	.1528	.935	.3126	.2007
		4.00	.3432(*)	.1688	.043	1.060E-02	.6758
		5.00	.2200	.1923	.254	-.1588	.5989
		6.00	.2571	.1453	.078	-2.9119E-02	.5434
		7.00	.1134	.1688	.502	-.2192	.4460
TOTAL3	1.00	2.00	8.653E-02	.1461	.554	-.2013	.3744
		3.00	.1780	.1239	.152	-6.6136E-02	.4220
		4.00	.2363	.1394	.091	-3.8407E-02	.5111

		5.00	.2907	.1618	.074	-2.8242E-02	.6096
		6.00	.3140(*)	.1164	.008	8.457E-02	.5433
		7.00	.1711	.1394	.221	-.1036	.4459
		8.00	9.530E-02	.1297	.463	-.1603	.3509
	2.00	1.00	-8.6531E-02	.1461	.554	-.3744	.2013
		3.00	9.142E-02	.1521	.548	-.2083	.3911
		4.00	.1498	.1650	.365	-.1754	.4750
		5.00	.2042	.1843	.269	-.1591	.5675
		6.00	.2274	.1461	.121	-6.0447E-02	.5153
		7.00	8.460E-02	.1650	.609	-.2406	.4098
		8.00	8.764E-03	.1569	.955	-.3004	.3179
	3.00	1.00	-.1780	.1239	.152	-.4220	6.614E-02
		2.00	-9.1422E-02	.1521	.548	-.3911	.2083
		4.00	5.840E-02	.1457	.689	-.2288	.3455
		5.00	.1127	.1673	.501	-.2169	.4424
		6.00	.1360	.1239	.273	-.1081	.3801
		7.00	-6.8201E-03	.1457	.963	-.2940	.2803
		8.00	-8.2657E-02	.1364	.545	-.3515	.1862
	4.00	1.00	-.2363	.1394	.091	-.5111	3.841E-02
		2.00	-.1498	.1650	.365	-.4750	.1754
		3.00	-5.8397E-02	.1457	.689	-.3455	.2288
		5.00	5.435E-02	.1791	.762	-.2986	.4073
		6.00	7.760E-02	.1394	.578	-.1972	.3524
		7.00	-6.5217E-02	.1591	.682	-.3789	.2484
		8.00	-.1411	.1507	.350	-.4380	.1559
	5.00	1.00	-.2907	.1618	.074	-.6096	2.824E-02
		2.00	-.2042	.1843	.269	-.5675	.1591
		3.00	-.1127	.1673	.501	-.4424	.2169
		4.00	-5.4348E-02	.1791	.762	-.4073	.2986
		6.00	2.326E-02	.1618	.886	-.2957	.3422
		7.00	-.1196	.1791	.505	-.4726	.2334
		8.00	-.1954	.1716	.256	-.5337	.1429

	6.00	1.00	-.3140(*)	.1164	.008	-.5433	-8.4573E-02
		2.00	-.2274	.1461	.121	-.5153	6.045E-02
		3.00	-.1360	.1239	.273	-.3801	.1081
		4.00	-7.7604E-02	.1394	.578	-.3524	.1972
		5.00	-2.3256E-02	.1618	.886	-.3422	.2957
		7.00	-.1428	.1394	.307	-.4176	.1319
		8.00	-.2187	.1297	.093	-.4742	3.691E-02
	7.00	1.00	-.1711	.1394	.221	-.4459	.1036
		2.00	-8.4601E-02	.1650	.609	-.4098	.2406
		3.00	6.820E-03	.1457	.963	-.2803	.2940
		4.00	6.522E-02	.1591	.682	-.2484	.3789
		5.00	.1196	.1791	.505	-.2334	.4726
		6.00	.1428	.1394	.307	-.1319	.4176
		8.00	-7.5837E-02	.1507	.615	-.3728	.2211
	8.00	1.00	-9.5295E-02	.1297	.463	-.3509	.1603
		2.00	-8.7644E-03	.1569	.955	-.3179	.3004
		3.00	8.266E-02	.1364	.545	-.1862	.3515
		4.00	.1411	.1507	.350	-.1559	.4380
		5.00	.1954	.1716	.256	-.1429	.5337
		6.00	.2187	.1297	.093	-3.6911E-02	.4742
		7.00	7.584E-02	.1507	.615	-.2211	.3728
TOTAL4	1.00	2.00	.1651	.1769	.352	-.1836	.5138
		3.00	.1618	.1500	.282	-.1338	.4574
		4.00	.4369(*)	.1689	.010	.1041	.7696
		5.00	.2109	.1960	.283	-.1753	.5972
		6.00	.3072(*)	.1410	.030	2.935E-02	.5850
		7.00	.1852	.1689	.274	-.1476	.5180
		8.00	.2280	.1571	.148	-8.1497E-02	.5376
	2.00	1.00	-.1651	.1769	.352	-.5138	.1836
		3.00	-3.3088E-03	.1842	.986	-.3663	.3597
		4.00	.2717	.1999	.175	-.1221	.6656

		5.00	4.583E-02	.2233	.838	-.3942	.4858
		6.00	.1421	.1769	.423	-.2066	.4907
		7.00	2.011E-02	.1999	.920	-.3738	.4140
		8.00	6.293E-02	.1900	.741	-.3115	.4374
	3.00	1.00	-.1618	.1500	.282	-.4574	.1338
		2.00	3.309E-03	.1842	.986	-.3597	.3663
		4.00	.2750	.1765	.121	-7.2747E-02	.6228
		5.00	4.914E-02	.2026	.809	-.3502	.4484
		6.00	.1454	.1500	.334	-.1503	.4410
		7.00	2.342E-02	.1765	.895	-.3244	.3712
		8.00	6.624E-02	.1652	.689	-.2594	.3919
	4.00	1.00	-.4369(*)	.1689	.010	-.7696	-.1041
		2.00	-.2717	.1999	.175	-.6656	.1221
		3.00	-.2750	.1765	.121	-.6228	7.275E-02
		5.00	-.2259	.2169	.299	-.6534	.2016
		6.00	-.1297	.1689	.443	-.4625	.2031
		7.00	-.2516	.1928	.193	-.6315	.1282
		8.00	-.2088	.1825	.254	-.5685	.1509
	5.00	1.00	-.2109	.1960	.283	-.5972	.1753
		2.00	-4.5833E-02	.2233	.838	-.4858	.3942
		3.00	-4.9142E-02	.2026	.809	-.4484	.3502
		4.00	.2259	.2169	.299	-.2016	.6534
		6.00	9.622E-02	.1960	.624	-.2901	.4825
		7.00	-2.5725E-02	.2169	.906	-.4533	.4018
		8.00	1.710E-02	.2079	.935	-.3926	.4268
	6.00	1.00	-.3072(*)	.1410	.030	-.5850	-2.9346E-02
		2.00	-.1421	.1769	.423	-.4907	.2066
		3.00	-.1454	.1500	.334	-.4410	.1503
		4.00	.1297	.1689	.443	-.2031	.4625
		5.00	-9.6221E-02	.1960	.624	-.4825	.2901
		7.00	-.1219	.1689	.471	-.4547	.2108

		8.00	-7.9123E-02	.1571	.615	-.3887	.2304
	7.00	1.00	-.1852	.1689	.274	-.5180	.1476
		2.00	-2.0109E-02	.1999	.920	-.4140	.3738
		3.00	-2.3418E-02	.1765	.895	-.3712	.3244
		4.00	.2516	.1928	.193	-.1282	.6315
		5.00	2.572E-02	.2169	.906	-.4018	.4533
		6.00	.1219	.1689	.471	-.2108	.4547
		8.00	4.282E-02	.1825	.815	-.3169	.4025
	8.00	1.00	-.2280	.1571	.148	-.5376	8.150E-02
		2.00	-6.2931E-02	.1900	.741	-.4374	.3115
		3.00	-6.6240E-02	.1652	.689	-.3919	.2594
		4.00	.2088	.1825	.254	-.1509	.5685
		5.00	-1.7098E-02	.2079	.935	-.4268	.3926
		6.00	7.912E-02	.1571	.615	-.2304	.3887
		7.00	-4.2822E-02	.1825	.815	-.4025	.3169
TOTAL5	1.00	2.00	-7.2757E-03	.1765	.967	-.3552	.3406
		3.00	.2161	.1497	.150	-7.8931E-02	.5110
		4.00	.5088(*)	.1685	.003	.1768	.8409
		5.00	.1138	.1956	.561	-.2716	.4993
		6.00	.3137(*)	.1407	.027	3.652E-02	.5909
		7.00	.1262	.1685	.455	-.2059	.4583
		8.00	.1862	.1567	.236	-.1227	.4950
	2.00	1.00	7.276E-03	.1765	.967	-.3406	.3552
		3.00	.2233	.1838	.226	-.1389	.5856
		4.00	.5161(*)	.1994	.010	.1231	.9091
		5.00	.1211	.2228	.587	-.3179	.5602
		6.00	.3210	.1765	.070	-2.6892E-02	.6689
		7.00	.1335	.1994	.504	-.2595	.5265
		8.00	.1934	.1896	.309	-.1802	.5671
	3.00	1.00	-.2161	.1497	.150	-.5110	7.893E-02
		2.00	-.2233	.1838	.226	-.5856	.1389

		4.00	.2928	.1761	.098	-5.4276E-02	.6398
		5.00	-.1022	.2022	.614	-.5006	.2962
		6.00	9.767E-02	.1497	.515	-.1973	.3927
		7.00	-8.9855E-02	.1761	.610	-.4369	.2572
		8.00	-2.9885E-02	.1649	.856	-.3548	.2950
	4.00	1.00	-.5088(*)	.1685	.003	-.8409	-.1768
		2.00	-.5161(*)	.1994	.010	-.9091	-.1231
		3.00	-.2928	.1761	.098	-.6398	5.428E-02
		5.00	-.3950	.2165	.069	-.8216	3.162E-02
		6.00	-.1951	.1685	.248	-.5271	.1370
		7.00	-.3826(*)	.1923	.048	-.7616	-3.5696E-03
		8.00	-.3226	.1821	.078	-.6815	3.626E-02
	5.00	1.00	-.1138	.1956	.561	-.4993	.2716
		2.00	-.1211	.2228	.587	-.5602	.3179
		3.00	.1022	.2022	.614	-.2962	.5006
		4.00	.3950	.2165	.069	-3.1619E-02	.8216
		6.00	.1999	.1956	.308	-.1856	.5853
		7.00	1.237E-02	.2165	.954	-.4142	.4390
		8.00	7.234E-02	.2074	.728	-.3365	.4811
	6.00	1.00	-.3137(*)	.1407	.027	-.5909	-3.6519E-02
		2.00	-.3210	.1765	.070	-.6689	2.689E-02
		3.00	-9.7674E-02	.1497	.515	-.3927	.1973
		4.00	.1951	.1685	.248	-.1370	.5271
		5.00	-.1999	.1956	.308	-.5853	.1856
		7.00	-.1875	.1685	.267	-.5196	.1445
		8.00	-.1276	.1567	.417	-.4364	.1813
	7.00	1.00	-.1262	.1685	.455	-.4583	.2059
		2.00	-.1335	.1994	.504	-.5265	.2595
		3.00	8.986E-02	.1761	.610	-.2572	.4369
		4.00	.3826(*)	.1923	.048	3.570E-03	.7616
		5.00	-1.2367E-02	.2165	.954	-.4390	.4142

		6.00	.1875	.1685	.267	-.1445	.5196
		8.00	5.997E-02	.1821	.742	-.2989	.4189
	8.00	1.00	-.1862	.1567	.236	-.4950	.1227
		2.00	-.1934	.1896	.309	-.5671	.1802
		3.00	2.989E-02	.1649	.856	-.2950	.3548
		4.00	.3226	.1821	.078	-3.6260E-02	.6815
		5.00	-7.2337E-02	.2074	.728	-.4811	.3365
		6.00	.1276	.1567	.417	-.1813	.4364
		7.00	-5.9970E-02	.1821	.742	-.4189	.2989
TOTAL6	1.00	2.00	.1158	.1678	.491	-.2149	.4465
		3.00	1.170E-02	.1423	.935	-.2687	.2921
		4.00	.2254	.1602	.161	-9.0239E-02	.5410
		5.00	.2158	.1859	.247	-.1506	.5822
		6.00	.1256	.1337	.349	-.1379	.3891
		7.00	-8.3316E-02	.1602	.603	-.3989	.2323
		8.00	4.892E-02	.1490	.743	-.2447	.3425
	2.00	1.00	-.1158	.1678	.491	-.4465	.2149
		3.00	-.1041	.1747	.552	-.4484	.2402
		4.00	.1096	.1895	.564	-.2640	.4831
		5.00	1.000E-01	.2118	.637	-.3173	.5173
		6.00	9.767E-03	.1678	.954	-.3209	.3404
		7.00	-.1991	.1895	.295	-.5727	.1744
		8.00	-6.6897E-02	.1802	.711	-.4220	.2882
	3.00	1.00	-1.1696E-02	.1423	.935	-.2921	.2687
		2.00	.1041	.1747	.552	-.2402	.4484
		4.00	.2137	.1674	.203	-.1162	.5435
		5.00	.2041	.1922	.289	-.1746	.5828
		6.00	.1139	.1423	.424	-.1665	.3943
		7.00	-9.5013E-02	.1674	.571	-.4249	.2348
		8.00	3.722E-02	.1567	.812	-.2716	.3461
	4.00	1.00	-.2254	.1602	.161	-.5410	9.024E-02

		2.00	-.1096	.1895	.564	-.4831	.2640
		3.00	-.2137	.1674	.203	-.5435	.1162
		5.00	-9.5652E-03	.2058	.963	-.4150	.3959
		6.00	-9.9798E-02	.1602	.534	-.4154	.2158
		7.00	-.3087	.1828	.093	-.6690	5.158E-02
		8.00	-.1765	.1731	.309	-.5176	.1647
	5.00	1.00	-.2158	.1859	.247	-.5822	.1506
		2.00	-1.0000E-01	.2118	.637	-.5173	.3173
		3.00	-.2041	.1922	.289	-.5828	.1746
		4.00	9.565E-03	.2058	.963	-.3959	.4150
		6.00	-9.0233E-02	.1859	.628	-.4566	.2761
		7.00	-.2991	.2058	.147	-.7046	.1064
		8.00	-.1669	.1972	.398	-.5555	.2217
	6.00	1.00	-.1256	.1337	.349	-.3891	.1379
		2.00	-9.7674E-03	.1678	.954	-.3404	.3209
		3.00	-.1139	.1423	.424	-.3943	.1665
		4.00	9.980E-02	.1602	.534	-.2158	.4154
		5.00	9.023E-02	.1859	.628	-.2761	.4566
		7.00	-.2089	.1602	.193	-.5245	.1067
		8.00	-7.6664E-02	.1490	.607	-.3702	.2169
	7.00	1.00	8.332E-02	.1602	.603	-.2323	.3989
		2.00	.1991	.1895	.295	-.1744	.5727
		3.00	9.501E-02	.1674	.571	-.2348	.4249
		4.00	.3087	.1828	.093	-5.1583E-02	.6690
		5.00	.2991	.2058	.147	-.1064	.7046
		6.00	.2089	.1602	.193	-.1067	.5245
		8.00	.1322	.1731	.446	-.2089	.4734
	8.00	1.00	-4.8917E-02	.1490	.743	-.3425	.2447
		2.00	6.690E-02	.1802	.711	-.2882	.4220
		3.00	-3.7221E-02	.1567	.812	-.3461	.2716
		4.00	.1765	.1731	.309	-.1647	.5176
		5.00	.1669	.1972	.398	-.2217	.5555

		6.00	7.666E-02	.1490	.607	-.2169	.3702
		7.00	-.1322	.1731	.446	-.4734	.2089
TOTAL7	1.00	2.00	-3.4109E-02	.1795	.849	-.3879	.3196
		3.00	5.119E-02	.1522	.737	-.2488	.3511
		4.00	.3123	.1713	.070	-2.5365E-02	.6499
		5.00	.2770	.1989	.165	-.1149	.6689
		6.00	.2287	.1430	.111	-5.3190E-02	.5106
		7.00	-6.4543E-02	.1713	.707	-.4022	.2731
		8.00	5.440E-02	.1594	.733	-.2597	.3685
	2.00	1.00	3.411E-02	.1795	.849	-.3196	.3879
		3.00	8.529E-02	.1869	.649	-.2830	.4536
		4.00	.3464	.2028	.089	-5.3225E-02	.7460
		5.00	.3111	.2265	.171	-.1353	.7575
		6.00	.2628	.1795	.145	-9.0956E-02	.6165
		7.00	-3.0435E-02	.2028	.881	-.4300	.3692
		8.00	8.851E-02	.1928	.647	-.2914	.4684
	3.00	1.00	-5.1186E-02	.1522	.737	-.3511	.2488
		2.00	-8.5294E-02	.1869	.649	-.4536	.2830
		4.00	.2611	.1791	.146	-9.1780E-02	.6139
		5.00	.2258	.2056	.273	-.1793	.6309
		6.00	.1775	.1522	.245	-.1224	.4774
		7.00	-.1157	.1791	.519	-.4686	.2371
		8.00	3.212E-03	.1676	.985	-.3272	.3336
	4.00	1.00	-.3123	.1713	.070	-.6499	2.537E-02
		2.00	-.3464	.2028	.089	-.7460	5.322E-02
		3.00	-.2611	.1791	.146	-.6139	9.178E-02
		5.00	-3.5266E-02	.2201	.873	-.4690	.3985
		6.00	-8.3586E-02	.1713	.626	-.4212	.2540
		7.00	-.3768	.1956	.055	-.7622	8.598E-03
		8.00	-.2579	.1852	.165	-.6228	.1071

	5.00	1.00	-.2770	.1989	.165	-.6689	.1149
		2.00	-.3111	.2265	.171	-.7575	.1353
		3.00	-.2258	.2056	.273	-.6309	.1793
		4.00	3.527E-02	.2201	.873	-.3985	.4690
		6.00	-4.8320E-02	.1989	.808	-.4402	.3436
		7.00	-.3415	.2201	.122	-.7753	9.222E-02
		8.00	-.2226	.2109	.292	-.6383	.1931
	6.00	1.00	-.2287	.1430	.111	-.5106	5.319E-02
		2.00	-.2628	.1795	.145	-.6165	9.096E-02
		3.00	-.1775	.1522	.245	-.4774	.1224
		4.00	8.359E-02	.1713	.626	-.2540	.4212
		5.00	4.832E-02	.1989	.808	-.3436	.4402
		7.00	-.2932	.1713	.088	-.6309	4.441E-02
		8.00	-.1743	.1594	.275	-.4883	.1398
	7.00	1.00	6.454E-02	.1713	.707	-.2731	.4022
		2.00	3.043E-02	.2028	.881	-.3692	.4300
		3.00	.1157	.1791	.519	-.2371	.4686
		4.00	.3768	.1956	.055	-8.5983E-03	.7622
		5.00	.3415	.2201	.122	-9.2219E-02	.7753
		6.00	.2932	.1713	.088	-4.4408E-02	.6309
		8.00	.1189	.1852	.521	-.2460	.4839
	8.00	1.00	-5.4397E-02	.1594	.733	-.3685	.2597
		2.00	-8.8506E-02	.1928	.647	-.4684	.2914
		3.00	-3.2116E-03	.1676	.985	-.3336	.3272
		4.00	.2579	.1852	.165	-.1071	.6228
		5.00	.2226	.2109	.292	-.1931	.6383
		6.00	.1743	.1594	.275	-.1398	.4883
		7.00	-.1189	.1852	.521	-.4839	.2460
TOTAL8	1.00	2.00	-.1009	.1586	.526	-.4135	.2118
		3.00	.1021	.1345	.449	-.1630	.3672
		4.00	.2056	.1514	.176	-9.2741E-02	.5040

		5.00	.3700(*)	.1758	.036	2.359E-02	.7163
		6.00	.2520(*)	.1264	.047	2.924E-03	.5011
		7.00	7.902E-02	.1514	.602	-.2194	.3774
		8.00	.2497	.1408	.078	-2.7850E-02	.5273
	2.00	1.00	.1009	.1586	.526	-.2118	.4135
		3.00	.2029	.1652	.220	-.1226	.5284
		4.00	.3065	.1792	.089	-4.6635E-02	.6597
		5.00	.4708(*)	.2002	.020	7.630E-02	.8654
		6.00	.3529(*)	.1586	.027	4.028E-02	.6655
		7.00	.1799	.1792	.317	-.1733	.5330
		8.00	.3506(*)	.1704	.041	1.484E-02	.6863
	3.00	1.00	-.1021	.1345	.449	-.3672	.1630
		2.00	-.2029	.1652	.220	-.5284	.1226
		4.00	.1036	.1582	.513	-.2083	.4154
		5.00	.2679	.1817	.142	-9.0142E-02	.6259
		6.00	.1500	.1345	.266	-.1151	.4150
		7.00	-2.3050E-02	.1582	.884	-.3349	.2888
		8.00	.1476	.1482	.320	-.1443	.4396
	4.00	1.00	-.2056	.1514	.176	-.5040	9.274E-02
		2.00	-.3065	.1792	.089	-.6597	4.663E-02
		3.00	-.1036	.1582	.513	-.4154	.2083
		5.00	.1643	.1945	.399	-.2190	.5477
		6.00	4.639E-02	.1514	.760	-.2520	.3448
		7.00	-.1266	.1728	.465	-.4672	.2140
		8.00	4.405E-02	.1637	.788	-.2785	.3666
	5.00	1.00	-.3700(*)	.1758	.036	-.7163	-2.3587E-02
		2.00	-.4708(*)	.2002	.020	-.8654	-7.6299E-02
		3.00	-.2679	.1817	.142	-.6259	9.014E-02
		4.00	-.1643	.1945	.399	-.5477	.2190
		6.00	-.1179	.1758	.503	-.4643	.2284

		7.00	-.2909	.1945	.136	-.6743	9.241E-02
		8.00	-.1203	.1864	.520	-.4876	.2471
	6.00	1.00	-.2520(*)	.1264	.047	-.5011	-2.9242E-03
		2.00	-.3529(*)	.1586	.027	-.6655	-4.0276E-02
		3.00	-.1500	.1345	.266	-.4150	.1151
		4.00	-4.6385E-02	.1514	.760	-.3448	.2520
		5.00	.1179	.1758	.503	-.2284	.4643
		7.00	-.1730	.1514	.254	-.4714	.1254
		8.00	-2.3323E-03	.1408	.987	-.2799	.2752
	7.00	1.00	-7.9019E-02	.1514	.602	-.3774	.2194
		2.00	-.1799	.1792	.317	-.5330	.1733
		3.00	2.305E-02	.1582	.884	-.2888	.3349
		4.00	.1266	.1728	.465	-.2140	.4672
		5.00	.2909	.1945	.136	-9.2407E-02	.6743
		6.00	.1730	.1514	.254	-.1254	.4714
		8.00	.1707	.1637	.298	-.1518	.4932
	8.00	1.00	-.2497	.1408	.078	-.5273	2.785E-02
		2.00	-.3506(*)	.1704	.041	-.6863	-1.4840E-02
		3.00	-.1476	.1482	.320	-.4396	.1443
		4.00	-4.4053E-02	.1637	.788	-.3666	.2785
		5.00	.1203	.1864	.520	-.2471	.4876
		6.00	2.332E-03	.1408	.987	-.2752	.2799
		7.00	-.1707	.1637	.298	-.4932	.1518
TOTAL	1.00	2.00	1.609E-02	.1407	.909	-.2613	.2935
		3.00	.1336	.1193	.264	-.1016	.3688
		4.00	.3359(*)	.1343	.013	7.117E-02	.6006
		5.00	.2651	.1559	.090	-4.2182E-02	.5724
		6.00	.2748(*)	.1121	.015	5.383E-02	.4958
		7.00	.1377	.1343	.306	-.1270	.4025
		8.00	.1334	.1250	.287	-.1129	.3796

2.00	1.00	-1.6092E-02	.1407	.909	-.2935	.2613
	3.00	.1175	.1465	.424	-.1713	.4063
	4.00	.3198(*)	.1590	.045	6.492E-03	.6331
	5.00	.2490	.1776	.162	-.1010	.5991
	6.00	.2587	.1407	.067	-1.8622E-02	.5361
	7.00	.1216	.1590	.445	-.1917	.4349
	8.00	.1173	.1511	.439	-.1806	.4152
3.00	1.00	-.1336	.1193	.264	-.3688	.1016
	2.00	-.1175	.1465	.424	-.4063	.1713
	4.00	.2023	.1404	.151	-7.4360E-02	.4790
	5.00	.1315	.1612	.415	-.1861	.4492
	6.00	.1412	.1193	.238	-9.3937E-02	.3764
	7.00	4.129E-03	.1404	.977	-.2725	.2808
	8.00	-2.0108E-04	.1314	.999	-.2592	.2588
4.00	1.00	-.3359(*)	.1343	.013	-.6006	-7.1173E-02
	2.00	-.3198(*)	.1590	.045	-.6331	-6.4924E-03
	3.00	-.2023	.1404	.151	-.4790	7.436E-02
	5.00	-7.0784E-02	.1726	.682	-.4109	.2693
	6.00	-6.1068E-02	.1343	.650	-.3258	.2037
	7.00	-.1982	.1533	.198	-.5004	.1040
	8.00	-.2025	.1452	.164	-.4887	8.362E-02

	5.00	1.00	-.2651	.1559	.090	-.5724	4.218E-02
		2.00	-.2490	.1776	.162	-.5991	.1010
		3.00	-.1315	.1612	.415	-.4492	.1861
		4.00	7.078E-02	.1726	.682	-.2693	.4109
		6.00	9.715E-03	.1559	.950	-.2976	.3170
		7.00	-.1274	.1726	.461	-.4675	.2127
		8.00	-.1317	.1654	.427	-.4577	.1942
	6.00	1.00	-.2748(*)	.1121	.015	-.4958	-5.3826E-02
		2.00	-.2587	.1407	.067	-.5361	1.862E-02
		3.00	-.1412	.1193	.238	-.3764	9.394E-02
		4.00	6.107E-02	.1343	.650	-.2037	.3258
		5.00	-9.7154E-03	.1559	.950	-.3170	.2976
		7.00	-.1371	.1343	.308	-.4018	.1276
		8.00	-.1414	.1250	.259	-.3877	.1048
	7.00	1.00	-.1377	.1343	.306	-.4025	.1270
		2.00	-.1216	.1590	.445	-.4349	.1917
		3.00	-4.1286E-03	.1404	.977	-.2808	.2725
		4.00	.1982	.1533	.198	-.1040	.5004
		5.00	.1274	.1726	.461	-.2127	.4675
		6.00	.1371	.1343	.308	-.1276	.4018
		8.00	-4.3296E-03	.1452	.976	-.2905	.2818
	8.00	1.00	-.1334	.1250	.287	-.3796	.1129
		2.00	-.1173	.1511	.439	-.4152	.1806
		3.00	2.011E-04	.1314	.999	-.2588	.2592
		4.00	.2025	.1452	.164	-8.3621E-02	.4887
		5.00	.1317	.1654	.427	-.1942	.4577
		6.00	.1414	.1250	.259	-.1048	.3877
		7.00	4.330E-03	.1452	.976	-.2818	.2905

* The mean difference is significant at the .050 level.

Oneway

Descriptives

	1.00		2.00		3.00		Total	
	Mean	Std. Deviation	Mean	Std. Deviation	Mean	Std. Deviation	Mean	Std. Deviation
TOTAL1	3.11	.57	2.99	.61	3.10	.59	3.05	.59
TOTAL2	3.13	.68	2.99	.57	2.94	.63	3.01	.61
TOTAL3	3.07	.58	3.02	.55	3.07	.51	3.04	.54
TOTAL4	3.05	.72	2.86	.62	2.82	.65	2.89	.66
TOTAL5	3.12	.62	3.05	.66	2.93	.69	3.03	.66
TOTAL6	3.25	.62	3.02	.60	3.07	.63	3.09	.62
TOTAL7	3.10	.64	2.92	.68	2.95	.65	2.97	.67
TOTAL8	3.09	.54	2.99	.62	3.11	.57	3.05	.59
TOTAL	3.11	.54	2.98	.52	3.00	.52	3.01	.52

ANOVA

		Sum of Squares	Df	Mean Square	F	Sig.
TOTAL1	Between Groups	.755	2	.377	1.070	.345
	Within Groups	80.082	227	.353		
	Total	80.837	229			
TOTAL2	Between Groups	1.100	2	.550	1.474	.231
	Within Groups	84.685	227	.373		
	Total	85.785	229			
TOTAL3	Between Groups	.136	2	6.822E-02	.230	.795
	Within Groups	67.276	227	.296		
	Total	67.413	229			
TOTAL4	Between Groups	1.677	2	.839	1.967	.142
	Within Groups	96.791	227	.426		
	Total	98.469	229			
TOTAL5	Between Groups	.987	2	.493	1.132	.324
	Within Groups	98.981	227	.436		
	Total	99.968	229			
TOTAL6	Between Groups	1.899	2	.949	2.525	.082
	Within Groups	85.357	227	.376		
	Total	87.255	229			
TOTAL7	Between Groups	1.251	2	.625	1.417	.244
	Within Groups	100.165	227	.441		

	Total	101.416	229				
TOTAL8	Between Groups	.717	2	.358	1.024	.361
	Within Groups	79.467	227	.350		
	Total	80.183	229			
TOTAL	Between Groups	.615	2	.307	1.118	.329
	Within Groups	62.423	227	.275		
	Total	63.038	229			

Post Hoc Tests

Multiple Comparisons

LSD

Dependent Variable	(I) JOP	(J) JOP	Mean Difference (I-J)	Std. Error	Sig.	95% Confidence Interval	
						Lower Bound	Upper Bound
TOTAL1	1.00	2.00	.1198	9.966E-02	.231	-7.6580E-02	.3162
		3.00	9.882E-03	.1123	.930	-.2114	.2311
	2.00	1.00	-.1198	9.966E-02	.231	-.3162	7.658E-02
		3.00	-.1099	9.330E-02	.240	-.2938	7.393E-02
	3.00	1.00	-9.8821E-03	.1123	.930	-.2311	.2114
		2.00	.1099	9.330E-02	.240	7.3930E-02	.2938
TOTAL2	1.00	2.00	.1451	.1025	.158	5.6863E-02	.3470
		3.00	.1893	.1155	.103	-3.8263E-02	.4168
	2.00	1.00	-.1451	.1025	.158	-.3470	5.686E-02
		3.00	4.417E-02	9.595E-02	.646	-.1449	.2332
	3.00	1.00	-.1893	.1155	.103	-.4168	3.826E-02
		2.00	-4.4173E-02	9.595E-02	.646	-.2332	.1449
TOTAL3	1.00	2.00	4.613E-02	9.135E-02	.614	-.1339	.2261
		3.00	-4.5330E-03	.1029	.965	-.2073	.1983
	2.00	1.00	-4.6129E-02	9.135E-02	.614	-.2261	.1339
		3.00	-5.0662E-02	8.552E-02	.554	-.2192	.1178
	3.00	1.00	4.533E-03	.1029	.965	-.1983	.2073
		2.00	5.066E-02	8.552E-02	.554	-.1178	.2192
TOTAL4	1.00	2.00	.1853	.1096	.092	3.0643E-02	.4012
		3.00	.2296	.1234	.064	-1.3602E-02	.4729
	2.00	1.00	-.1853	.1096	.092	-.4012	3.064E-02
		3.00	4.438E-02	.1026	.666	-.1577	.2465
	3.00	1.00	-.2296	.1234	.064	-.4729	1.360E-02
		2.00	-4.4381E-02	.1026	.666	-.2465	.1577
TOTAL5	1.00	2.00	7.186E-02	.1108	.517	-.1465	.2902

		3.00	.1832	.1248	.144	-6.2736E-02	.4292
	2.00	1.00	-7.1860E-02	.1108	.517	-.2902	.1465
		3.00	.1114	.1037	.284	-9.3016E-02	.3158
	3.00	1.00	-.1832	.1248	.144	-.4292	6.274E-02
		2.00	-.1114	.1037	.284	-.3158	9.302E-02
TOTAL6	1.00	2.00	.2305(*)	.1029	.026	2.772E-02	.4332
		3.00	.1768	.1159	.129	-5.1633E-02	.4052
	2.00	1.00	-.2305(*)	.1029	.026	-.4332	-2.7721E-02
		3.00	-5.3681E-02	9.633E-02	.578	-.2435	.1361
	3.00	1.00	-.1768	.1159	.129	-.4052	5.163E-02
		2.00	5.368E-02	9.633E-02	.578	-.1361	.2435
TOTAL7	1.00	2.00	.1858	.1115	.097	-3.3858E-02	.4054
		3.00	.1530	.1256	.224	-9.4479E-02	.4004
	2.00	1.00	-.1858	.1115	.097	-.4054	3.386E-02
		3.00	-3.2809E-02	.1043	.753	-.2384	.1728
	3.00	1.00	-.1530	.1256	.224	-.4004	9.448E-02
		2.00	3.281E-02	.1043	.753	-.1728	.2384
TOTAL8	1.00	2.00	9.914E-02	9.928E-02	.319	-9.6483E-02	.2948
		3.00	-2.1047E-02	.1119	.851	-.2414	.1994
	2.00	1.00	-9.9143E-02	9.928E-02	.319	-.2948	9.648E-02
		3.00	-.1202	9.294E-02	.197	-.3033	6.295E-02
	3.00	1.00	2.105E-02	.1119	.851	-.1994	.2414
		2.00	.1202	9.294E-02	.197	-6.2952E-02	.3033
TOTAL	1.00	2.00	.1293	8.799E-02	.143	-4.4097E-02	.3027
		3.00	.1115	9.913E-02	.262	-8.3800E-02	.3069
	2.00	1.00	-.1293	8.799E-02	.143	-.3027	4.410E-02
		3.00	-1.7748E-02	8.238E-02	.830	-.1801	.1446
	3.00	1.00	-.1115	9.913E-02	.262	-.3069	8.380E-02
		2.00	1.775E-02	8.238E-02	.830	-.1446	.1801

* The mean difference is significant at the .050 level.

Oneway

Descriptives

	1.00		2.00		3.00		4.00		Total	
	Mean	Std. Deviation	Mean	Std. Deviation	Mean	Std. Deviation	Mean	Std. Deviation	Mean	Std. Deviation
TOTAL1	2.95	.56	2.98	.59	3.18	.51	3.05	.66	3.05	.59
TOTAL2	2.80	.57	2.98	.66	3.10	.53	3.08	.64	3.01	.61
TOTAL3	2.90	.51	2.98	.56	3.10	.49	3.13	.57	3.04	.54
TOTAL4	2.70	.63	2.86	.71	2.99	.56	2.95	.69	2.89	.66
TOTAL5	2.90	.68	2.98	.73	3.16	.62	3.05	.62	3.03	.66
TOTAL6	2.89	.54	3.04	.69	3.18	.55	3.16	.64	3.09	.62
TOTAL7	2.75	.62	2.95	.65	3.09	.61	3.02	.71	2.97	.67
TOTAL8	2.86	.57	3.08	.64	3.13	.50	3.09	.62	3.05	.59
TOTAL	2.85	.49	2.98	.56	3.11	.43	3.06	.56	3.01	.52

ANOVA

		Sum of Squares	df	Mean Square	F	Sig.
TOTAL1	Between Groups	1.576	3	.525	1.498	.216
	Within Groups	79.261	226	.351		
	Total	80.837	229			
TOTAL2	Between Groups	2.973	3	.991	2.704	.046
	Within Groups	82.813	226	.366		
	Total	85.785	229			
TOTAL3	Between Groups	1.825	3	.608	2.096	.102
	Within Groups	65.588	226	.290		
	Total	67.413	229			
TOTAL4	Between Groups	2.494	3	.831	1.957	.121
	Within Groups	95.975	226	.425		
	Total	98.469	229			
TOTAL5	Between Groups	1.918	3	.639	1.474	.223
	Within Groups	98.050	226	.434		
	Total	99.968	229			
TOTAL6	Between Groups	2.749	3	.916	2.450	.064
	Within Groups	84.507	226	.374		
	Total	87.255	229			

TOTAL7	Between Groups	3.175	3	1.058	2.435	.066
	Within Groups	98.240	226	.435		
	Total	101.416	229			
TOTAL8	Between Groups	2.230	3	.743	2.155	.094
	Within Groups	77.953	226	.345		
	Total	80.183	229			
TOTAL	Between Groups	2.075	3	.692	2.564	.056
	Within Groups	60.963	226	.270		
	Total	63.038	229			

Post Hoc Tests

Multiple Comparisons

LSD

Dependent Variable	(I) EXP	(J) EXP	Mean Difference (I-J)	Std. Error	Sig.	95% Confidence Interval	
						Lower Bound	Upper Bound
TOTAL1	1.00	2.00	-2.6824E-02	.1204	.824	-.2641	.2105
		3.00	-.2236	.1178	.059	-.4558	8.608E-03
		4.00	-9.4624E-02	.1104	.392	-.3121	.1228
	2.00	1.00	2.682E-02	.1204	.824	-.2105	.2641
		3.00	-.1968	.1146	.087	-.4227	2.910E-02
		4.00	-6.7801E-02	.1069	.527	-.2785	.1429
	3.00	1.00	.2236	.1178	.059	-8.6082E-03	.4558
		2.00	.1968	.1146	.087	-2.9096E-02	.4227
		4.00	.1290	.1040	.216	-7.5969E-02	.3339
	4.00	1.00	9.462E-02	.1104	.392	-.1228	.3121
		2.00	6.780E-02	.1069	.527	-.1429	.2785
		3.00	-.1290	.1040	.216	-.3339	7.597E-02
TOTAL2	1.00	2.00	-.1852	.1231	.134	-.4278	5.734E-02
		3.00	-.3004(*)	.1205	.013	-.5377	-6.2998E-02
		4.00	-.2869(*)	.1128	.012	-.5092	-6.4623E-02
	2.00	1.00	.1852	.1231	.134	-5.7338E-02	.4278
		3.00	-.1151	.1172	.327	-.3460	.1157
		4.00	-.1017	.1093	.353	-.3170	.1137
	3.00	1.00	.3004(*)	.1205	.013	6.300E-02	.5377
		2.00	.1151	.1172	.327	-.1157	.3460
		4.00	1.345E-02	.1063	.899	-.1960	.2229
	4.00	1.00	.2869(*)	.1128	.012	6.462E-02	.5092
		2.00	.1017	.1093	.353	-.1137	.3170
		3.00	-1.3451E-02	.1063	.899	-.2229	.1960
TOTAL3	1.00	2.00	-7.9852E-02	.1095	.467	-.2957	.1360
		3.00	-.1960	.1072	.069	-.4073	1.519E-02
		4.00	-.2255(*)	.1004	.026	-.4233	-2.7714E-02

	2.00	1.00	7.985E-02	.1095	.467	-.1360	.2957
		3.00	-.1162	.1043	.266	-.3217	8.928E-02
		4.00	-.1457	9.726E-02	.136	-.3373	4.597E-02
	3.00	1.00	.1960	.1072	.069	-1.5194E-02	.4073
		2.00	.1162	.1043	.266	-8.9282E-02	.3217
		4.00	-2.9491E-02	9.461E-02	.756	-.2159	.1569
	4.00	1.00	.2255(*)	.1004	.026	2.771E-02	.4233
		2.00	.1457	9.726E-02	.136	-4.5972E-02	.3373
		3.00	2.949E-02	9.461E-02	.756	-.1569	.2159
TOTAL4	1.00	2.00	-.1578	.1325	.235	-.4190	.1033
		3.00	-.2897(*)	.1297	.026	-.5453	-3.4218E-02
		4.00	-.2440(*)	.1214	.046	-.4833	-4.7422E-03
	2.00	1.00	.1578	.1325	.235	-.1033	.4190
		3.00	-.1319	.1261	.297	-.3804	.1167
		4.00	-8.6189E-02	.1177	.465	-.3180	.1456
	3.00	1.00	.2897(*)	.1297	.026	3.422E-02	.5453
		2.00	.1319	.1261	.297	-.1167	.3804
		4.00	4.570E-02	.1144	.690	-.1798	.2712
	4.00	1.00	.2440(*)	.1214	.046	4.742E-03	.4833
		2.00	8.619E-02	.1177	.465	-.1456	.3180
		3.00	-4.5705E-02	.1144	.690	-.2712	.1798
TOTAL5	1.00	2.00	-8.1001E-02	.1339	.546	-.3449	.1829
		3.00	-.2622(*)	.1311	.047	-.5204	-3.8923E-03
		4.00	-.1534	.1227	.213	-.3953	8.847E-02
	2.00	1.00	8.100E-02	.1339	.546	-.1829	.3449
		3.00	-.1812	.1275	.157	-.4324	7.006E-02
		4.00	-7.2396E-02	.1189	.543	-.3067	.1619
	3.00	1.00	.2622(*)	.1311	.047	3.892E-03	.5204
		2.00	.1812	.1275	.157	-7.0062E-02	.4324

		4.00	.1088	.1157	.348	-.1192	.3367
	4.00	1.00	.1534	.1227	.213	-8.8470E-02	.3953
		2.00	7.240E-02	.1189	.543	-.1619	.3067
		3.00	-.1088	.1157	.348	-.3367	.1192
TOTAL6	1.00	2.00	-.1477	.1243	.236	-.3927	9.732E-02
		3.00	-.2833(*)	.1217	.021	-.5231	-4.3535E-02
		4.00	-.2715(*)	.1140	.018	-.4960	-4.6914E-02
	2.00	1.00	.1477	.1243	.236	-9.7317E-02	.3927
		3.00	-.1356	.1184	.253	-.3688	9.762E-02
		4.00	-.1238	.1104	.263	-.3413	9.378E-02
	3.00	1.00	.2833(*)	.1217	.021	4.354E-02	.5231
		2.00	.1356	.1184	.253	-9.7621E-02	.3688
		4.00	1.185E-02	.1074	.912	-.1998	.2235
	4.00	1.00	.2715(*)	.1140	.018	4.691E-02	.4960
		2.00	.1238	.1104	.263	-9.3785E-02	.3413
		3.00	-1.1851E-02	.1074	.912	-.2235	.1998
TOTAL7	1.00	2.00	-.2006	.1341	.136	-.4648	6.355E-02
		3.00	-.3386(*)	.1312	.010	-.5972	-8.0117E-02
		4.00	-.2637(*)	.1229	.033	-.5058	-2.1591E-02
	2.00	1.00	.2006	.1341	.136	-6.3550E-02	.4648
		3.00	-.1380	.1276	.281	-.3895	.1135
		4.00	-6.3068E-02	.1190	.597	-.2976	.1715
	3.00	1.00	.3386(*)	.1312	.010	8.012E-02	.5972
		2.00	.1380	.1276	.281	-.1135	.3895
		4.00	7.495E-02	.1158	.518	-.1532	.3031
	4.00	1.00	.2637(*)	.1229	.033	2.159E-02	.5058
		2.00	6.307E-02	.1190	.597	-.1715	.2976
		3.00	-7.4946E-02	.1158	.518	-.3031	.1532
TOTAL8	1.00	2.00	-.2253	.1194	.061	-.4606	1.006E-02
		3.00	-.2727(*)	.1169	.020	-.5030	-4.2445E-02
		4.00	-.2304(*)	.1094	.036	-.4461	-1.4762E-02
	2.00	1.00	.2253	.1194	.061	-1.0057E-02	.4606
		3.00	-4.7466E-02	.1137	.677	-.2715	.1765

		4.00	-5.1566E-03	.1060	.961	-.2141	.2038
	3.00	1.00	.2727(*)	.1169	.020	4.245E-02	.5030
		2.00	4.747E-02	.1137	.677	-.1765	.2715
		4.00	4.231E-02	.1031	.682	-.1609	.2456
	4.00	1.00	.2304(*)	.1094	.036	1.476E-02	.4461
		2.00	5.157E-03	.1060	.961	-.2038	.2141
		3.00	-4.2309E-02	.1031	.682	-.2456	.1609
TOTAL	1.00	2.00	-.1353	.1056	.201	-.3434	7.278E-02
		3.00	-.2667(*)	.1033	.010	-.4704	-6.3091E-02
		4.00	-.2159(*)	9.678E-02	.027	-.4066	-2.5139E-02
	2.00	1.00	.1353	.1056	.201	-7.2783E-02	.3434
		3.00	-.1314	.1005	.192	-.3295	6.667E-02
		4.00	-8.0533E-02	9.377E-02	.391	-.2653	.1042
	3.00	1.00	.2667(*)	.1033	.010	6.309E-02	.4704
		2.00	.1314	.1005	.192	-6.6674E-02	.3295
		4.00	5.089E-02	9.121E-02	.577	-.1289	.2306
	4.00	1.00	.2159(*)	9.678E-02	.027	2.514E-02	.4066
		2.00	8.053E-02	9.377E-02	.391	-.1042	.2653
		3.00	-5.0887E-02	9.121E-02	.577	-.2306	.1289

DEVELOPING EXCELLENCE STANDARDS FOR JORDANIAN HIGHER EDUCATION INSTITUTIONS AT UNIVERSITY LEVEL

By

Amal Fathi Aqel

Supervisor

Dr. Anmar Al- Kaylani, Prof.

Abstract

This study aimed at developing excellence standards for Jordanian higher education institutions at university level. To achieve this aim the study passed through the following stages:

First stage : Reviewing the theoretical background of standards , which contained the previous literature related to excellence standards of higher education institutions, depended upon in laying the fields of excellence, then the second stage followed, the stage of variables, on which basis standards were built, and they were represented in the main eight fields of excellence they are : leadership, strategic planning, external concentration, information and analysis, teaching staff / occupational cadre, effectiveness of operation, results and achievement, and indications .

Third stage, which depended on the information collected from the previous literature to develop a questionnaire consisted of (103) items ,distributed among eight main fields,

The sample of study, consisted of (230) individuals which represent 40% of the community of study (consisted of all deans, heads of academic departments, and directors of administrative units amounting to 573) .

The following statistical methods were used to answer the questions of study : frequencies, means, standard deviations, factoral analysis, and one way analysis of variance (ANOVA) was also used , and(LSD)test for comparisons . The results were as follows:

The degree of appreciation made by deans, heads of academic departments, and directors of administrative units of the field of questionnaire as standards of excellence were high in all fields.

The results also showed the significant of differences (0.05), to the field of leadership due to the variable of the university, and those differences were to the interest of University of Jordan and Yarmouk University, and significant differences (0.05), in the same field and variable between Mu'ta University and Yarmouk University, for the interest of Yarmouk University.

The result showed nonexistence of significant differences to all fields of study due to variable of occupation and years of experience.

The results of the factoral analysis , also showed factors, the eigen value of each is more than one, and explained the rate of 72,8% of the total explanation of the variation of the article and the paragraphs of theoretical fields of the article became changed over the different factors with degrees exceed 30% and considered high, and all the bilateral correlation co-efficient between the paragraph and field to which they belong were with statistical significant at a level below (0.05).

Therefore, the fourth stage came, the stage of developing standards, for incorporation between what the theoretical sides in developing the standards, has concentrated on, and what has been excreted by the result of study. And in the fifth stage, it was assured of the truthfulness of the content of standards, and finally in the sixth stage the standards were introduced to work.

Thereupon, the suggested excellence standards for the university level in the Jordanian higher education institutions are leadership, strategic planning, external concentration, information and analysis, teaching staff / occupational cadre, effectiveness of operation, results and achievement, and indications.

Due to the results of the study, the researcher recommended numerous recommendations such as:

implementing and using these standards in the universities , and establishing an independent body to undertake measuring excellence in the universities, classifying and making human, financial and enough media resourses available for them, in addition to granting annual rewards to the institutions that obtain excellence in the performance , giving and their outputs.